LAODONG
RENSHI
HEGUI

劳动人事合规
之常见问题精要解答

惠所亮 易燕 秦丽彬 李彩慧 彭丽琴 著

ZHI
CHANGJIAN
WENTI
JINGYAO
JIEDA

中国政法大学出版社

2021·北京

图书在版编目（CIP）数据

劳动人事合规之常见问题精要解答/惠所亮等著.—北京：中国政法大学出版社，2021.12

ISBN 978-7-5764-0200-1

Ⅰ.①劳… Ⅱ.①惠… Ⅲ.①企业管理－人力资源管理　Ⅳ.①F272.92

中国版本图书馆 CIP 数据核字(2021)第 262637 号

出 版 者	中国政法大学出版社
地　　址	北京市海淀区西土城路 25 号
邮寄地址	北京 100088 信箱 8034 分箱　邮编 100088
网　　址	http://www.cuplpress.com (网络实名：中国政法大学出版社)
电　　话	010-58908586(编辑部) 58908334(邮购部)
编辑邮箱	zhengfadch@126.com
承　　印	北京鑫海金澳胶印有限公司
开　　本	650mm×980mm　1/16
印　　张	15.5
字　　数	250 千字
版　　次	2021 年 12 月第 1 版
印　　次	2021 年 12 月第 1 次印刷
定　　价	59.00 元

前 言

随着依法治国政策的全面推进，合法合规治理企业已成为各国的共识。对于企业来说，劳动用工合规从本质来说是企业人力资源管理的核心，是企业良好运转的必备条件。企业劳动用工合规的根本意义在于建立和维护企业运营所需要的良性秩序，而劳动者是该秩序的主宰。劳动用工风险识别和防控问题是企业劳动用工合规风险管理中的核心问题。本书旨在通过梳理企业在劳动人事用工过程中遇到的各种常见问题和热点问题并进行精要解答，以期帮助企业规范劳动用工，预防劳动人事用工风险，为企业建立良好的劳动人事用工秩序提供指导和帮助。本书通过"一问一答"的方式便于企业和劳动者在遇到相同或类似问题时直接查找，从而迅速有效地找到合适的解决对策，避免不必要的法律风险，实现自身利益的最大化。

本书所整理的问题均是企业劳动人事用工过程中常见的热点问题，以精练的语言还原争议内容、提炼法律要点，形式生动、内容实用。本书共分为十七章，从劳动关系的建立到劳动用工关系的解除及责任的承担，贯穿整个劳动人事用工过程，旨在帮助企业负责人或管理者掌握企业在劳动人事用工规划、招聘、培训、绩效、薪酬和劳动关系解除、终止等各方面可能面临的法律风险及应对措施，从而帮助企业高效地解决相关法律问题，降低企业劳动人事用工成本。实务中，也正是因为很多企业在遇到劳动人事用工纠纷时，采取消极的应对方式，没有正确及时地做好应对措施，才导致出现大量的劳动争议案件发生，增加企业的用工成本。

建立完整的企业合规管理体系是当今世界各国政府和国际组织

关注的重点问题，而劳动人事用工合规体系建设是合规管理不可忽略的重要组成部分。北京德和衡律师事务所企业劳动用工合规团队汇聚了一批业务能力扎实、办理过大量劳动争议案件的优秀诉讼律师编撰了这本实用型工具书。法谚云："法律的生命从来不是逻辑，而是经验。"法律的真谛在于实践，本书整理归纳的"一问一答"中的问题，大多来自律师在办案过程中遇到的实际问题，其答案也均有依据，源自我国现行的法律、法规、规章或政策等。由于人力资源方面的法律、法规及政策性文件具有较强的时效性，本书的内容基于书稿完成时的相关法律、法规及相关政策的规定。如各位读者朋友在使用过程中，上述法律、法规及政策有变，还请以最新的官方发布的文件为准。本书的作者也会在以后的再版中予以及时更新。

目 录
CONTENTS

劳动关系建立 第一章 CHAPTER 1

0001 用人单位自何时起与劳动者建立劳动关系？

答：用人单位自用工之日起与劳动者建立劳动关系。

依据：《中华人民共和国劳动合同法》第7条

0002 在认定用人单位与劳动者之间是否具有劳动关系时，需要考虑哪些因素？

答：需要考虑下列因素：

1. 用人单位和劳动者符合法律、法规规定的主体资格；

2. 用人单位依法制定的各项规章制度适用于劳动者，劳动者受用人单位的劳动管理，从事用人单位安排的有报酬的劳动；

3. 劳动者提供的劳动是用人单位业务的组成部分。

依据：《劳动和社会保障部关于确立劳动关系有关事项的通知》一

0003 用人单位能否招用未满16周岁的未成年人？

答：禁止用人单位招用未满16周岁的未成年人。文艺、体育和特种工艺单位招用未满16周岁的未成年人时，必须依照国家有关规定，并保障其接受义务教育的权利。

依据：《中华人民共和国劳动法》第15条

0004 我国台湾地区、香港特别行政区、澳门特别行政区居民能否成为劳动关系主体？

答：可以。我国台湾地区、香港特别行政区、澳门特别行政区居民在内地就业不再需要办理台港澳人员就业证。

依据：《人力资源和社会保障部关于废止〈台湾香港澳门居民在内地就业管理规定〉的决定》

0005 外国人能否成为劳动关系主体？

答：外国人、无国籍人未依法取得就业证件的，不能与中华人民共和国境内的用人单位建立劳动关系。持有《外国专家证》并取得《外国人来华工作许可证》的外国人，与中华人民共和国境内的用人单位建立用工关系的，可以认定为劳动关系。

依据：《最高人民法院关于审理劳动争议案件适用法律问题的解释（一）》第33条

0006 中华人民共和国境内的各类企业能否成为劳动用工关系主体适用劳动合同法？

答：可以。各类企业与劳动者建立劳动关系，可以成为劳动用工关系主体。

依据：《中华人民共和国劳动合同法》第2条第1款

0007 个体经济组织能否成为劳动用工关系主体，适用劳动合同法？

答：可以。个体经济组织可以聘用工作人员，可以成为劳动用工关系主体。

依据：《中华人民共和国劳动合同法》第2条第1款

0008 民办非企业单位能否成为劳动用工关系主体，适用劳动合同法？

答：可以。民办非企业单位与劳动者建立劳动关系，可以成为劳动用工关系主体。

依据：《中华人民共和国劳动合同法》第2条第1款

0009 国家机关能否成为劳动用工关系主体，适用劳动合同法？

答：国家机关工作人员分为两部分：一部分通过公务员考试招聘的工作人员适用公务员法；另外一部分劳动者订立了劳动合同，与国家机关建立了劳动关系，这时国家机关可以成为劳动关系主体，适用劳动合同法。

依据：《中华人民共和国劳动合同法》第2条第2款

0010 事业单位工作人员能否成为劳动用工关系主体，适用劳动合同法？

答：可以。事业单位与劳动者签订劳动合同，可以成为劳动用工关系主体，适用劳动合同法。

依据：《中华人民共和国劳动合同法》第2条第2款

0011 社会团体能否成为劳动用工关系主体，适用劳动合同法？

答：可以，社会团体与劳动者签订劳动合同，可以成为劳动用工关系主体，适用劳动合同法。

依据：《中华人民共和国劳动合同法》第2条第2款

0012 农民工能否成为劳动关系主体？

答：可以。农民工在与用人单位终止或解除劳动合同后请求用人单位赔偿损失的，应予受理。

依据：《北京市高级人民法院、北京市劳动争议仲裁委员会关于劳动争议案件法律适用问题研讨会会议纪要》一、1、（3）

0013 在校学生在用人单位进行实习，能否被认定为劳动关系？

答：在校学生利用业余时间勤工助学，不视为就业，不是劳动关系主体。在校学生在用人单位进行实习，应当根据具体事实进行判断，对完成学校的社会实习安排或自行从事社会实践活动的实习，不认定为劳动关系。但用人单位与在校学生之间名为实习，实为劳动关系的除外。

依据：

1. 《劳动部关于贯彻执行〈中华人民共和国劳动法〉若干问题的意见》二、（一）、12

2. 《北京市高级人民法院、北京市劳动争议仲裁委员会关于劳动争议案件法律适用问题研讨会会议纪要（二）》二、23

0014 会计师事务所能否成为劳动用工关系主体，适用劳动合同法？

答：可以。依法成立的会计师事务所，和劳动者签订了劳动合同，可以成为劳动关系主体，适用劳动合同法。

依据：《中华人民共和国劳动合同法实施条例》第3条

0015 律师事务所能否成为劳动用工关系主体，适用劳动合同法？

答：可以。依法成立的律师事务所和所聘用的律师和其他工作人员，可以建立劳动关系，适用劳动合同法。

依据：《中华人民共和国劳动合同法实施条例》第3条

0016 用人单位设立的分支机构是否可以与劳动者签订劳动合同？

答：可以。依法取得营业执照或者登记证书的用人单位设立的分支机构，可以作为用人单位与劳动者订立劳动合同；未依法取得营业执照或者登记证书的，受用人单位委托可以与劳动者订立劳动合同。

依据：《中华人民共和国劳动合同法实施条例》第4条

0017 家庭与家政服务人员之间是否属于劳动关系？

答：普通的家庭和家政服务人员比如小时工、保洁员等属于劳务关系，不属于劳动关系。家政工作人员如果与家政公司签订了劳动合同，则家政工作人员和家政公司之间属于劳动关系。

依据：《最高人民法院关于审理劳动争议案件适用法律问题的解释（一）》第2条第4项

0018 个人与家政服务人员之间的纠纷是否属于劳动争议？

答：不属于。个人和家政服务人员之间不属于劳动关系，不属于劳动争议的受理范围。

依据：《最高人民法院关于审理劳动争议案件适用法律问题的解释（一）》第2条第4项

0019 个体工匠与帮工之间的纠纷是否属于劳动争议？

答：不属于。个体工匠和帮工之间不属于劳动关系，不属于劳动争议的受理范围。

依据：《最高人民法院关于审理劳动争议案件适用法律问题的解释（一）》第2条第5项

0020　个体工匠与学徒之间的纠纷是否属于劳动争议？

答：不属于。个体工匠和学徒之间不属于劳动关系，不属于劳动争议的受理范围。

依据：《最高人民法院关于审理劳动争议案件适用法律问题的解释（一）》第2条第5项

0021　农村承包经营户与受雇人之间的纠纷是否属于劳动争议？

答：不属于。农村承包经营户与受雇人之间不属于劳动关系，不属于劳动争议的受理范围。

依据：《最高人民法院关于审理劳动争议案件适用法律问题的解释（一）》第2条第6项

0022　劳动者向未办理营业执照、被吊销营业执照或者营业期限届满仍继续经营的用人单位提供劳动，如何处理？

答：劳动者向未办理营业执照、被吊销营业执照或者营业期限届满仍继续经营的用人单位提供劳动，劳动者有权依照《中华人民共和国劳动合同法》的规定向用人单位主张权利，用人单位不存在或者无力承担责任时，出资人应当依法承担相应责任。

依据：《北京市高级人民法院、北京市劳动争议仲裁委员会关于劳动争议案件法律适用问题研讨会会议纪要（二）》二、16

0023　涉及建筑工程的用工关系中，包工头与发包单位是否属于劳动关系？

答：不属于。包工头与发包单位之间存在承包合同关系，可另行依据合同追索承包费用，其以支付劳务费、工资、劳动报酬为由提起仲裁或诉讼的不予支持。

依据：《北京市高级人民法院、北京市劳动争议仲裁委员会关于劳动争议案件法律适用问题研讨会会议纪要（二）》二、17

0024　村民委员会成员（主任、副主任和委员）与村民委员会之间是否属于劳动关系？

答：不属于。村民委员会成员（主任、副主任和委员）依法由选举产生，其与该组织之间不属于劳动关系。

依据：《北京市高级人民法院、北京市劳动争议仲裁委员会关于劳动争议案件法律适用问题研讨会会议纪要（二）》二、22

0025 居民委员会成员（主任、副主任和委员）与居民委员会之间是否属于劳动关系？

答：不属于。居民委员会成员（主任、副主任和委员）依法由选举产生，其与该组织之间不属于劳动关系。

依据：《北京市高级人民法院、北京市劳动争议仲裁委员会关于劳动争议案件法律适用问题研讨会会议纪要（二）》二、22

0026 破产清算组与其聘用人员之间是否属于劳动关系？

答：不属于。破产清算组作为法院指定的管理人，不属于用人单位，不能作为用工主体与其聘用人员建立劳动关系，应按劳务关系处理。

依据：《北京市高级人民法院、北京市劳动争议仲裁委员会关于劳动争议案件法律适用问题研讨会会议纪要（二）》二、24

0027 企业停薪留职人员在新的用人单位工作，与新的用人单位能否成立劳动关系？

答：可以。企业停薪留职人员因与新的用人单位发生用工争议，按劳动关系处理。

依据：《最高人民法院关于审理劳动争议案件适用法律问题的解释（一）》第32条第2款

0028 未达到法定退休年龄的内退人员在新的用人单位工作，与新的用人单位能否成立劳动关系？

答：可以。未达到法定退休年龄的内退人员因与新的用人单位发生用工争议，按劳动关系处理。

依据：《最高人民法院关于审理劳动争议案件适用法律问题的解释（一）》第32条第2款

0029 下岗待岗人员在新的用人单位工作，与新的用人单位能否成立劳动关系？

答：可以。下岗待岗人员因与新的用人单位发生用工争议，按劳动关系处理。

依据：《最高人民法院关于审理劳动争议案件适用法律问题的解释（一）》第 32 条第 2 款

0030 企业经营性停产放长假人员在新的用人单位工作，与新的用人单位能否成立劳动关系？

答：可以。企业经营性停产放长假人员因与新的用人单位发生用工争议，按劳动关系处理。

依据：《最高人民法院关于审理劳动争议案件适用法律问题的解释（一）》第 32 条第 2 款

0031 未达到法定退休年龄的内退人员在退休之前与新用人单位建立用工关系的，其与原用人单位的关系如何认定？

答：一般情况下可以认定原用人单位与其保持劳动关系，相关待遇依双方的约定。双方未约定或约定不明的，考虑国家法律法规和政策、同行业同类型劳动者保护标准，从保护劳动者的基本利益和用人单位现实情况进行综合判断。

依据：《北京市高级人民法院、北京市劳动争议仲裁委员会关于劳动争议案件法律适用问题研讨会会议纪要（二）》二、14

0032 停薪留职人员在退休之前与新用人单位建立用工关系的，其与原用人单位的关系如何认定？

答：一般情况下可以认定原用人单位与其保持劳动关系，相关待遇依双方的约定。双方未约定或约定不明的，考虑国家法律法规和政策、同行业同类型劳动者保护标准，从保护劳动者的基本利益和用人单位现实情况进行综合判断。

依据：《北京市高级人民法院、北京市劳动争议仲裁委员会关于劳动争议案件法律适用问题研讨会会议纪要（二）》二、14

0033 下岗待岗人员在退休之前与新用人单位建立用工关系的，其与原用人单位的关系如何认定？

答：一般情况下可以认定原用人单位与其保持劳动关系，相关待遇依双方的约定。双方未约定或约定不明的，考虑国家法律法规和政策、同行业同类型劳动者保护标准，从保护劳动者的基本利益和用人单位现实情况进行综合判断。

依据：《北京市高级人民法院、北京市劳动争议仲裁委员会关于劳动争议案件法律适用问题研讨会会议纪要（二）》二、14

0034 企业经营性停产放长假，其员工在退休之前与新用人单位建立用工关系的，其与原用人单位的关系如何认定？

答：一般情况下可以认定原用人单位与其保持劳动关系，相关待遇依双方的约定。双方未约定或约定不明的，考虑国家法律法规和政策、同行业同类型劳动者保护标准，从保护劳动者的基本利益和用人单位现实情况进行综合判断。

依据：《北京市高级人民法院、北京市劳动争议仲裁委员会关于劳动争议案件法律适用问题研讨会会议纪要（二）》二、14

0035 依法享受养老保险待遇的人员与原用人单位或者新用人单位之间建立用工关系的，是否属于劳动关系？

答：不属于劳动关系，按劳务关系处理。

依据：《北京市高级人民法院、北京市劳动争议仲裁委员会关于劳动争议案件法律适用问题研讨会会议纪要（二）》二、12

0036 领取退休金的人员与原用人单位或者新用人单位之间建立用工关系的，是否属于劳动关系？

答：不属于劳动关系，按劳务关系处理。

依据：《北京市高级人民法院、北京市劳动争议仲裁委员会关于劳动争议案件法律适用问题研讨会会议纪要（二）》二、12

0037 达到法定退休年龄的人员与原用人单位或者新用人单位之间建立用工关系的，是否属于劳动关系？

答：不属于劳动关系，按劳务关系处理。

依据：《北京市高级人民法院、北京市劳动争议仲裁委员会关于劳动争议案件法律适用问题研讨会会议纪要（二）》二、12

0038 劳动者长期未向用人单位提供劳动，用人单位也长期不向劳动者支付劳动报酬等相关待遇，双方长期"两不找"，双方是否还存在劳动关系？

答：不存在。可以认定在此期间双方不享有和承担劳动法上的权利义务。

依据：《北京市高级人民法院、北京市劳动争议仲裁委员会关于劳动争议案件法律适用问题研讨会会议纪要》四、14

0039　发包单位将业务发包给有用人主体资格的用人单位（包括有用人主体资格的组织、个体经营者），劳动者与该用人单位之间是否存在劳动关系？

答：应当认定劳动者与承包的有用人主体资格的用人单位存在劳动关系，但发包单位与劳动者存在劳动关系的除外。

依据：《北京市高级人民法院、北京市劳动人事争议仲裁委员会关于审理劳动争议案件法律适用问题的解答》2

0040　农民专业合作社与其聘用参与日常生产经营活动的社员之间是否存在劳动关系？

答：应结合农民合作社的生产经营性质和用工特点等因素，区分情况予以严格判定。对符合《劳动和社会保障部关于确立劳动关系有关事项的通知》规定精神的，应依法确认参与农民合作社日常生产经营活动的社员与该合作社存在劳动关系。

依据：《北京市高级人民法院、北京市劳动人事争议仲裁委员会关于审理劳动争议案件法律适用问题的解答》3

0041　破产清算期间，用人单位与继续从事工作的劳动者之间还是否存在劳动关系？

答：破产清算期间，用人单位与劳动者未解除、终止劳动关系，且劳动者继续在用人单位从事相关工作的，符合劳动关系认定条件的，按劳动关系处理，双方另有约定的或破产清算组与劳动者建立劳务关系的除外。

依据：《北京市高级人民法院、北京市劳动争议仲裁委员会关于劳动争议案件法律适用问题研讨会会议纪要（二）》二、25

0042　有关联关系的用人单位交叉轮换使用劳动者，应当如何确认劳动关系？

答：根据现有证据难以查明劳动者实际工作状况的，参照以下原则处理：

1. 订立劳动合同的，按劳动合同确认劳动关系；

2. 未订立劳动合同的,可以根据审判需要将有关联关系的用人单位列为当事人,以有关联关系的用人单位发放工资、缴纳社会保险、工作地点、工作内容等作为判断存在劳动关系的因素;

3. 在有关联关系的用人单位交叉轮换使用劳动者,工作内容交叉重叠的情况下,对劳动者涉及给付内容的主张,应由一家用人单位承担责任,或由多家用人单位承担连带责任。

依据:《北京市高级人民法院、北京市劳动争议仲裁委员会关于劳动争议案件法律适用问题研讨会会议纪要(二)》二、26

0043 用人单位是否可以在招聘启事中规定仅限男性?

答:不可以。女性享有与男性平等的就业权利。在录用职工时,除国家规定的不适合女性的工种或者岗位外,不得以性别为由拒绝录用妇女或者提高对女性的录用标准。

依据:《中华人民共和国劳动法》第 13 条

0044 用人单位是否可以自行认定劳动合同无效?

答:不可以。劳动合同的无效,依法应由劳动争议仲裁委员会或者人民法院确认。

依据:《中华人民共和国劳动法》第 18 条

0045 劳动者与用人单位在用工前已经签订了劳动合同,双方劳动关系是否可以从订立劳动合同之日起算?

答:不可以。即使用人单位与劳动者在用工前已经订立了劳动合同,劳动关系仍然自用工之日起计算。

依据:《中华人民共和国劳动合同法》第 10 条第 3 款

0046 用人单位需了解劳动者与劳动合同直接相关的基本情况，劳动者是否有如实说明的义务？

答：有义务。用人单位有权了解劳动者与劳动合同直接相关的基本情况，劳动者应当如实说明。

依据：《中华人民共和国劳动合同法》第8条

0047 用人单位与劳动者订立劳动合同，应当遵循哪些原则？

答：订立劳动合同，应当遵循合法、公平、平等自愿、协商一致、诚实信用的原则。

依据：《中华人民共和国劳动合同法》第3条第1款

0048 用人单位招用劳动者时，有哪些告知义务？

答：应当如实告知劳动者工作内容、工作条件、工作地点、职业危害、安全生产状况、劳动报酬，以及劳动者要求了解的其他情况。

依据：《中华人民共和国劳动合同法》第8条

0049 根据劳动合同的期限，劳动合同有哪些种类？

答：劳动合同分为固定期限劳动合同、无固定期限劳动合同和以完成一定工作任务为期限的劳动合同。

依据：《中华人民共和国劳动合同法》第12条

0050 什么是固定期限劳动合同？

答：是指用人单位与劳动者约定合同终止时间的劳动合同。

依据：《中华人民共和国劳动合同法》第 13 条第 1 款

0051 什么是无固定期限劳动合同？

答：是指用人单位与劳动者约定无确定终止时间的劳动合同。

依据：《中华人民共和国劳动合同法》第 14 条第 1 款

0052 什么是以完成一定工作任务为期限的劳动合同？

答：是指用人单位与劳动者约定以某项工作的完成为合同期限的劳动合同。

依据：《中华人民共和国劳动合同法》第 15 条

0053 在什么情形下，用人单位与劳动者必须订立无固定期限劳动合同？

答：在以下情形下，劳动者提出或者同意续订、订立劳动合同的，除劳动者提出订立固定期限劳动合同外，应当订立无固定期限劳动合同：

1. 劳动者在同一用人单位连续工作满 10 年的；

2. 用人单位初次实行劳动合同制度或者国有企业改制重新签订劳动合同时，劳动者在该用人单位连续工作满 10 年或者距法定退休年龄不足 10 年的；

3. 连续订立 2 次固定期限劳动合同，且劳动者没有《中华人民共和国劳动合同法》第 39 条和第 40 条第 1 项、第 2 项规定的情形，续订劳动合同的。

依据：《中华人民共和国劳动合同法》第 14 条第 2 款

0054 劳动合同应当具备哪些条款？

答：劳动合同应当具备以下条款：

1. 用人单位的名称、住所和法定代表人或者主要负责人；

2. 劳动者的姓名、住址和居民身份证或者其他有效身份证件号码；

3. 劳动合同期限；

4. 工作内容和工作地点；

5. 工作时间和休息休假；

6. 劳动报酬；

7. 社会保险；

8. 劳动保护、劳动条件和职业危害防护；

9. 法律、法规规定应当纳入劳动合同的其他事项。

劳动合同除上述必备条款外，用人单位与劳动者可以约定试用期、培训、保守秘密、补充保险和福利待遇等其他事项。

依据：《中华人民共和国劳动合同法》第 17 条

0055 自用工之日起 1 年内，用人单位未依法与劳动者订立书面劳动合同，应当承担什么后果？

答：未依法签订书面的劳动合同会产生如下后果：

1. 用人单位自用工之日起超过 1 个月不满 1 年未与劳动者订立书面劳动合同的，自用工之日满 1 个月的次日起开始计算 2 倍工资，截止点为双方订立书面劳动合同的前 1 日，最长不超过 11 个月；

2. 如果劳动合同期满后，劳动者仍在用人单位工作，用人单位未与劳动者订立书面劳动合同的，计算 2 倍工资的起算点为自劳动合同期满的次日，截止点为双方补订书面劳动合同的前 1 日，最长不超过 12 个月；

3. 用人单位违反《中华人民共和国劳动合同法》第 14 条第 2 款、第 82 条第 2 款规定，不与劳动者订立无固定期限劳动合同的，2 倍工资自应订立无固定期限劳动合同之日起计算，截止点为双方实际订立无固定期限劳动合同的前 1 日。

依据：

1. 《中华人民共和国劳动合同法》第 10 条、第 14 条、第 82 条

2. 《中华人民共和国劳动合同法实施条例》第 6 条、第 7 条

3. 《北京市高级人民法院、北京市劳动争议仲裁委员会关于劳动争议案件法律适用问题研讨会会议纪要（二）》三、28

0056 用人单位未依法与劳动者订立书面劳动合同应支付"2 倍工资"，应当如何认定时效和起止时间？

答：2 倍工资中属于劳动者正常工作时间劳动报酬的部分，适用《中华人民共和国劳动争议调解仲裁法》第 27 条第 4 款的规定。增加 1 倍的工资属于惩罚性赔偿的部分，不属于劳动报酬，适用《中

华人民共和国劳动争议调解仲裁法》第27条第1款的规定，即1年的仲裁时效。2倍工资适用时效的计算方法为：在劳动者主张2倍工资时，因未签劳动合同行为处于持续状态，故时效可从其主张权利之日起向前计算1年，据此实际给付的2倍工资不超过12个月，2倍工资按未订立劳动合同所对应时间用人单位应当正常支付的工资为标准计算。

依据：《北京市高级人民法院、北京市劳动争议仲裁委员会关于劳动争议案件法律适用问题研讨会会议纪要（二）》三、28

0057 用人单位是否可以和劳动者订立口头的劳动合同？

答：不可以。用人单位与劳动者建立劳动关系，应当与劳动者订立书面劳动合同。

依据：《中华人民共和国劳动合同法》第10条第1款

0058 劳动者在用人单位设立筹备阶段的工作时间，是否应当计算为本单位工作年限？

答：一般不计算为本单位工作年限，但双方另有约定的除外。

依据：《北京市高级人民法院、北京市劳动争议仲裁委员会关于劳动争议案件法律适用问题研讨会会议纪要》八、39

0059 依法订立的书面劳动合同，应当自何时开始生效？

答：劳动合同由用人单位与劳动者协商一致，并经用人单位与劳动者在劳动合同文本上签字或者盖章生效。

依据：《中华人民共和国劳动合同法》第16条第1款

0060 劳动合同期满后未订立劳动合同，劳动者仍在原用人单位继续工作，是否还需要给予1个月的宽限期？

答：不需要。因为用人单位对原劳动合同期满和继续用工的法律后果均有预期，因此不需要再给予1个月的宽限期，原劳动合同期满次日，即是用人单位应当订立劳动合同之日和承担未订立劳动合同的法律后果之日。

依据：《北京市高级人民法院、北京市劳动争议仲裁委员会关于劳动争议案件法律适用问题研讨会会议纪要（二）》三、27

`0061` 用人单位与劳动者补签劳动合同但未补签至实际用工之日的，劳动者是否可以主张未订立劳动合同2倍工资？

答：可以。用人单位与劳动者虽然补签劳动合同，但未补签到实际用工之日的，对实际用工之日与补签之日间相差的时间，依法扣除1个月订立书面劳动合同的宽限期，劳动者主张未订立劳动合同2倍工资的可以支持。

依据：《北京市高级人民法院、北京市劳动争议仲裁委员会关于劳动争议案件法律适用问题研讨会会议纪要（二）》三、29第2段

`0062` 固定期限劳动合同履行过程中，用人单位与劳动者协商对劳动合同终止时间作出变更，变更后的终止时间晚于原劳动合同终止时间的，是否应当属于签订了2次劳动合同？

答：应当属于。用人单位与劳动者协商一致变更固定期限合同终止时间的，如变更后的终止时间晚于原合同终止时间，使整个合同履行期限增加，视为用人单位与劳动者连续订立2次劳动合同。对初次订立固定期限合同时间变更的，按连续订立2次固定期限劳动合同的相关规定处理，对2次及多次订立固定期限合同时间变更的，按订立无固定期限劳动合同的相关规定处理。

依据：《北京市高级人民法院、北京市劳动争议仲裁委员会关于劳动争议案件法律适用问题研讨会会议纪要（二）》四、42

`0063` 固定期限劳动合同履行过程中，用人单位与劳动者协商对劳动合同终止时间作出变更，变更后的终止时间比原劳动合同终止时间提前，是否应当属于签订了2次劳动合同？

答：不属于。变更后的终止时间比原合同终止时间提前，使整个合同履行期限减少，则仅视为对原合同终止时间的变更。

依据：《北京市高级人民法院、北京市劳动争议仲裁委员会关于劳动争议案件法律适用问题研讨会会议纪要（二）》四、42

`0064` 用人单位与劳动者是否可以采用电子形式订立书面劳动合同？

答：用人单位与劳动者协商一致，可以采用电子形式订立书面劳动合同。采用电子形式订立劳动合同的，应当使用符合《中华人

民共和国电子签名法》等法律法规规定的可视为书面形式的数据电文和可靠的电子签名。用人单位应保证电子劳动合同的生成、传递、储存等满足电子签名法等法律法规规定的要求，确保其完整、准确、不被篡改。符合《中华人民共和国劳动合同法》规定和上述要求的电子劳动合同一经订立即具有法律效力，用人单位与劳动者应当按照电子劳动合同的约定，全面履行各自的义务。

依据：《人力资源和社会保障部办公厅关于订立电子劳动合同有关问题的函》

0065 用人单位新招用的劳动者未订立书面劳动合同，而且约定的劳动报酬不明确的，应当如何确定劳动报酬？

答：应当按照集体合同规定的标准执行。没有集体合同或者集体合同未规定的，实行同工同酬。

依据：《中华人民共和国劳动合同法》第 11 条

0066 用人单位与劳动者约定劳动合同到期续延，此后劳动者以连续订立 2 次固定期限劳动合同为由，提出或者同意续订、订立无固定期限劳动合同，应当如何处理？

答：用人单位与劳动者约定劳动合同到期续延，且实际续延劳动合同的，合同约定了续延期限的，续延期限届满时，劳动者以连续订立 2 次固定期限劳动合同为由，提出或者同意续订、订立无固定期限劳动合同，用人单位应当与劳动者订立无固定期限劳动合同。用人单位不与劳动者订立无固定期限劳动合同的，可以依劳动者的主张确认存在无固定期限劳动合同关系。

依据：

1. 《中华人民共和国劳动合同法》第 14 条

2. 《北京市高级人民法院、北京市劳动争议仲裁委员会关于劳动争议案件法律适用问题研讨会会议纪要（二）》三、33

0067 劳动者符合与用人单位签订无固定期限劳动合同的条件，但已经与用人单位签订了固定期限劳动合同，现其要求将固定期限劳动合同变更为无固定期限劳动合同的，应当如何处理？

答：劳动者与用人单位签订了固定期限劳动合同后，劳动者要求变更为无固定期限劳动合同的，不予支持，但有证据证明用人单位存在欺诈、胁迫、乘人之危等情形的除外。

依据：《北京市高级人民法院、北京市劳动人事争议仲裁委员会关于审理劳动争议案件法律适用问题的解答》17

0068 用人单位违反法律规定不与劳动者订立无固定期限劳动合同的，应当承担什么法律后果？

答：用人单位自应当订立无固定期限劳动合同之日起向劳动者每月支付 2 倍的工资。

依据：《中华人民共和国劳动合同法》第 82 条第 2 款

0069 对用人单位存在规避签订无固定期限劳动合同和连续计算工作年限的情况，应当如何处理？

答：用人单位存在规避《中华人民共和国劳动合同法》第 14 条规定的下列行为，劳动者订立固定期限劳动合同和工作年限的次数仍应连续计算：

1. 为减少计算劳动者的工龄，迫使劳动者与其解除或终止劳动合同后重新与其签订劳动合同的；

2. 通讨设立关联用人单位，在与劳动者签订合同时交替变换用人单位名称的；

3. 仅就劳动合同的终止期限进行变更，用人单位无法做出合理解释的；

4. 采取注销原单位、设立新单位的方式，将劳动者重新招用到新单位，且单位经营内容与劳动者的工作地点、工作内容均没有实质性变化的；

5. 其他明显违反诚信和公平原则的规避行为。

依据：

1.《中华人民共和国劳动合同法》第 14 条

2.《北京市高级人民法院、北京市劳动争议仲裁委员会关于劳动争议案件法律适用问题研讨会会议纪要（二）》三、37

0070 劳动者要求仲裁委裁决或法院判决与用人单位签订书面劳动合同，双方就劳动合同必要条款能够达成一致的，应当如何处理？

答：订立书面劳动合同需要当事人意思表示一致，由劳动者与用人单位平等协商，以确定合同期限、工作内容、劳动报酬等事项。经劳动者与用人单位协商，双方就劳动合同必要条款能够达成一致的，可以裁判双方订立书面劳动合同，并在裁判文书中就达成一致的条款予以表述。

依据：《北京市高级人民法院、北京市劳动争议仲裁委员会关于劳动争议案件法律适用问题研讨会会议纪要（二）》三、36

0071 劳动者要求仲裁委裁决或者法院判决与用人单位签订书面劳动合同的，双方就劳动合同必要条款不能够达成一致的，应当如何处理？

答：双方就劳动合同必要条款不能达成一致的，由仲裁委裁决或法院直接判令双方订立书面劳动合同有违当事人意思自治原则，亦无法确定具体执行内容和申请强制执行。故在此情况下，劳动者要求与用人单位订立书面劳动合同的，仲裁委、法院可释明当事人变更请求，主张确认双方存在劳动关系。

依据：《北京市高级人民法院、北京市劳动争议仲裁委员会关于劳动争议案件法律适用问题研讨会会议纪要（二）》三、36 第 2 段

0072 劳动者要求仲裁委裁决或法院判决与用人单位签订书面劳动合同，因可归责于用人单位的原因导致无法订立书面劳动合同的，应当如何处理？

答：劳动者可另行依法主张用人单位承担未订立书面劳动合同的法律责任。

依据：《北京市高级人民法院、北京市劳动争议仲裁委员会关于劳动争议案件法律适用问题研讨会会议纪要（二）》三、36 第 3 段

0073 自用工之日起 1 个月内，经用人单位书面通知后，劳动者不与用人单位订立书面劳动合同的，用人单位应当如何处理？

答：用人单位应当书面通知劳动者终止劳动关系。

依据：《中华人民共和国劳动合同法实施条例》第 5 条

0074 自用工之日起 1 个月内，经用人单位书面通知后，劳动者不与用人单位订立书面劳动合同，用人单位与其终止劳动关系的，是否应当向劳动者支付经济补偿？

答：用人单位无需向劳动者支付经济补偿，但是应当依法向劳动者支付其实际工作时间的劳动报酬。

依据：《中华人民共和国劳动合同法实施条例》第 5 条

0075 自用工之日起超过 1 个月不满 1 年，用人单位要求与劳动者订立劳动合同，劳动者不订立的，应如何处理？

答：用人单位自用工之日起超过 1 个月不满 1 年未与劳动者订立书面劳动合同的，应当依照《中华人民共和国劳动合同法》第 82 条的规定向劳动者每月支付 2 倍的工资，并与劳动者补订书面劳动合同；劳动者不与用人单位订立书面劳动合同的，用人单位应当书面通知劳动者终止劳动关系，并依照《中华人民共和国劳动合同法》第 47 条的规定支付经济补偿。

依据：《中华人民共和国劳动合同法实施条例》第 6 条第 1 款

0076 劳动者与用人单位实际建立了全日制劳动关系，但双方订立的是非全日制劳动合同，用人单位是否应当向劳动者支付未订立劳动合同 2 倍工资的差额？

答：劳动者已经与用人单位订立合同的情况下，劳动者主张未订立劳动合同 2 倍工资差额不予支持。

依据：《北京市高级人民法院、北京市劳动人事争议仲裁委员会关于审理劳动争议案件法律适用问题的解答》15

0077 劳动者患病或者非因工负伤在规定的医疗期内劳动合同期满时，用人单位未与劳动者续订劳动合同的，是否需要向劳动者支付未订立劳动合同的 2 倍工资？

答：不需要。双方的劳动合同应当续延至医疗期届满终止，在续延期间用人单位与劳动者无须订立书面劳动合同，用人单位不应支付 2 倍工资。

依据：《北京市高级人民法院、北京市劳动争议仲裁委员会关于

劳动争议案件法律适用问题研讨会会议纪要（二）》三、30

0078 女职工在孕期、产期、哺乳期期间劳动合同期满时，用人单位未与劳动者续订劳动合同，用人单位是否需要支付 2 倍工资？

答：不需要。双方的劳动合同应当依法续延至孕期、产期、哺乳期届满终止，在续延期间用人单位与劳动者无须订立书面劳动合同，用人单位不应支付 2 倍工资。

依据：《北京市高级人民法院、北京市劳动争议仲裁委员会关于劳动争议案件法律适用问题研讨会会议纪要（二）》三、30

0079 用人单位与劳动者约定劳动合同到期续延，在劳动合同到期后劳动者继续工作并主张未签订劳动合同而提出支付 2 倍工资的，是否应当支持？

答：不予支持。因用人单位与劳动者在劳动合同中已经约定劳动合同到期续延，但未约定续延期限，在劳动合同到期后，劳动者仍继续工作，双方均未提出解除或终止劳动合同时，属于双方意思表示一致续延劳动合同，可视为双方订立一份与原劳动合同内容和期限相同的合同，劳动者主张未签订劳动合同的 2 倍工资不予支持。

依据：《北京市高级人民法院、北京市劳动争议仲裁委员会关于劳动争议案件法律适用问题研讨会会议纪要（二）》三、32

0080 用人单位法定代表人未与用人单位订立书面劳动合同而向用人单位主张 2 倍工资的，是否应当支持？

答：一般不予支持。

依据：《北京市高级人民法院、北京市劳动争议仲裁委员会关于劳动争议案件法律适用问题研讨会会议纪要（二）》三、31 第 1 段

0081 用人单位高管人员未与用人单位订立书面劳动合同向用人单位主张 2 倍工资的，可否获得支持？

答：可予支持，但用人单位能够证明该高管人员职责范围包括管理订立劳动合同内容的除外。对有证据证明高管人员向用人单位提出签订劳动合同而被拒绝的，仍可支持高管人员的 2 倍工资请求。

依据：《北京市高级人民法院、北京市劳动争议仲裁委员会关于

劳动争议案件法律适用问题研讨会会议纪要（二）》三、31 第 2 段

0082　用人单位人事管理部门负责人或主管人员未与用人单位订立书面劳动合同向用人单位主张 2 倍工资的，可否获得支持？

　　答：用人单位能够证明订立劳动合同属于该人事管理部门负责人或主管人员的工作职责，可不予支持。有证据证明人事管理部门负责人或主管人员向用人单位提出签订劳动合同，而用人单位予以拒绝的除外。对有证据证明高管人员向用人单位提出签订劳动合同而被拒绝的，仍可支持高管人员的 2 倍工资请求。

　　依据：《北京市高级人民法院、北京市劳动争议仲裁委员会关于劳动争议案件法律适用问题研讨会会议纪要（二）》三、31 第 2、3 段

0083　劳动合同签订后，用人单位是否可以将劳动合同文本不交付劳动者而自行保管？

　　答：不可以。用人单位应当将劳动合同文本交付劳动者，劳动合同文本由用人单位和劳动者各执一份。

　　依据：《中华人民共和国劳动合同法》第 16 条第 2 款

0084　用人单位未将已经订立的劳动合同文本交付劳动者的，应当如何处理？

　　答：应当由劳动行政部门责令用人单位改正。给劳动者造成损害的，用人单位应当承担赔偿责任。

　　依据：《中华人民共和国劳动合同法》第 81 条

0085　用人单位制定的内部规章制度与集体合同或者劳动合同约定的内容不一致，应当如何适用？

　　答：劳动者请求优先适用劳动合同约定的，应予支持。

　　依据：《最高人民法院关于审理劳动争议案件适用法律问题的解释（一）》第 50 条第 2 款

0086　劳动合同对劳动报酬、劳动条件约定不明确的，应当如何处理？

　　答：用人单位与劳动者可以重新协商。协商不成的，适用集体合同规定。没有集体合同或者集体合同未规定劳动报酬的，实行同工同酬。没有集体合同或者集体合同未规定劳动条件等标准的，适

用国家有关规定。

依据：《中华人民共和国劳动合同法》第 18 条

0087 用人单位与劳动者在订立劳动合同中，是否必须约定试用期？

答：不必须。劳动合同可以约定试用期，也可以不约定试用期。

依据：《中华人民共和国劳动法》第 21 条

0088 用人单位与劳动者在订立劳动合同时，应当如何约定试用期？

答：劳动合同可以约定试用期，但试用期最长不得超过 6 个月。劳动合同期限 3 个月以上不满 1 年的，试用期不得超过 1 个月。劳动合同期限 1 年以上不满 3 年的，试用期不得超过 2 个月。3 年以上固定期限和无固定期限的劳动合同，试用期不得超过 6 个月。

依据：

1. 《中华人民共和国劳动法》第 21 条

2. 《中华人民共和国劳动合同法》第 19 条第 1 款

0089 以完成一定工作任务为期限的劳动合同，用人单位与劳动者是否可以约定试用期？

答：双方不得约定试用期。

依据：《中华人民共和国劳动合同法》第 19 条第 3 款

0090 非全日制用工劳动者是否可以要求不用试用期？

答：可以，非全日制用工双方当事人不得约定试用期。

依据：《中华人民共和国劳动合同法》第 70 条

0091 同一用人单位与同一劳动者是否可以约定多次试用期？

答：不可以。同一用人单位与同一劳动者只能约定 1 次试用期。

依据：《中华人民共和国劳动合同法》第 19 条第 2 款

0092 劳动合同期限不满 3 个月的，用人单位与劳动者是否可以约定试用期？

答：双方不得约定试用期。

依据：《中华人民共和国劳动合同法》第 19 条第 3 款

0093 非全日制用工，用人单位是否可以要求试用期？

答：用人单位不得要求试用期。

依据：《中华人民共和国劳动合同法》第 70 条

0094 试用期是否包含在劳动合同期限内？

答：试用期应当包含在劳动合同期限内。

依据：《中华人民共和国劳动合同法》第 19 条第 4 款

0095 用人单位与劳动者订立的劳动合同仅约定了试用期，应当如何处理？

答：双方约定的试用期不成立，该期限为劳动合同期限。

依据：《中华人民共和国劳动合同法》第 19 条第 4 款

0096 用人单位与劳动者如何约定试用期的工资？

答：劳动者在试用期的工资不得低于本单位相同岗位最低档工资的 80% 或者不得低于劳动合同约定工资的 80%，并不得低于用人单位所在地的最低工资标准。

依据：

1.《中华人民共和国劳动合同法》第 20 条

2.《中华人民共和国劳动合同法实施条例》第 15 条

0097 最低工资标准包括哪些项目？

答：最低工资标准包括按国家统计局规定应列入工资总额统计的工资、奖金、补贴等各项收入。

依据：《北京市最低工资规定》第 6 条第 1 款

0098 哪些收入不计入最低工资标准？

答：下列各项收入不计入最低工资标准：

1. 劳动者在国家规定的高温、低温、井下、有毒有害等特殊环境条件下工作领取的津贴；

2. 劳动者在节假日或者超过法定工作时间从事劳动所得的加班、加点工资；

3. 劳动者依法享受的保险福利待遇；

4. 根据国家和本市规定不计入最低工资标准的其他收入。

依据：《北京市最低工资规定》第 6 条第 2 款

0099 用人单位与劳动者在订立劳动合同时，是否可以约定违约金条款？

答：用人单位与劳动者可以约定劳动者违反《中华人民共和国劳动合同法》第 22 条规定的服务期和第 23 条规定的保密义务与竞业限制条款，应当承担违约金。除此之外，用人单位不得与劳动者约定由劳动者承担违约金。

依据：《中华人民共和国劳动合同法》第 25 条

0100 用人单位违法与劳动者约定试用期的，应当承担什么法律后果？

答：应当由劳动行政部门责令用人单位改正。违法约定的试用期已经履行的，由用人单位以劳动者试用期满月工资为标准，按已经履行的超过法定试用期的期间向劳动者支付赔偿金。

依据：《中华人民共和国劳动合同法》第 83 条

0101 哪些劳动合同无效或者部分无效？

答：下列劳动合同无效或者部分无效：

1. 以欺诈、胁迫的手段或者乘人之危，使对方在违背真实意思的情况下订立或者变更劳动合同的；

2. 用人单位免除自己的法定责任、排除劳动者权利的；

3. 违反法律、行政法规强制性规定的。

依据：

1.《中华人民共和国劳动法》第 18 条第 1 款

2.《中华人民共和国劳动合同法》第 26 条第 1 款

0102 劳动合同条款部分无效，对其他部分条款有影响吗？

答：劳动合同部分无效，不影响其余部分效力的，其余部分仍然有效。

依据：

1.《中华人民共和国劳动法》第 18 条第 2 款

2.《中华人民共和国劳动合同法》第 27 条

0103 劳动合同无效，劳动者是否可以主张劳动报酬？

答： 劳动合同被确认无效，劳动者已付出劳动的，用人单位应当向劳动者支付劳动报酬。劳动报酬的数额，参照本单位相同或者相近岗位劳动者的劳动报酬确定。

依据：《中华人民共和国劳动合同法》第 28 条

0104 劳动合同被确认无效的，应当如何承担法律责任？

答： 劳动合同依法被确认无效，给对方造成损害的，有过错的一方应当承担赔偿责任。

依据：

1.《中华人民共和国劳动法》第 97 条

2.《中华人民共和国劳动合同法》第 86 条

0105 用人单位招用与其他用人单位尚未解除或者终止劳动合同的劳动者，是否应当承担法律责任？

答： 用人单位招用与其他用人单位尚未解除或者终止劳动合同的劳动者，给其他用人单位造成损失的，应当承担连带赔偿责任。

依据：

1.《中华人民共和国劳动法》第 99 条

2.《中华人民共和国劳动合同法》第 91 条

0106 企业职工一方与用人单位签署集体合同，集体合同草案是否可以自行通过？

答： 不可以。集体合同草案应当提交职工代表大会或者全体职工讨论通过。

依据：《中华人民共和国劳动合同法》第 51 条第 1 款

0107 如何签订集体合同？

答： 集体合同由工会代表企业职工一方与用人单位订立。尚未建立工会的用人单位，由上级工会指导劳动者推举的代表与用人单位订立。

依据：《中华人民共和国劳动合同法》第 51 条第 2 款

0108 集体合同自何时起生效？

答：集体合同订立后，应当报送劳动行政部门。劳动行政部门自收到集体合同文本之日起 15 日内未提出异议的，集体合同即行生效。

依据：《中华人民共和国劳动合同法》第 54 条第 1 款

0109 集体合同对哪些主体具有约束力？

答：依法订立的集体合同对用人单位和劳动者具有约束力。行业性、区域性集体合同对当地本行业、本区域的用人单位和劳动者具有约束力。

依据：《中华人民共和国劳动合同法》第 54 条第 2 款

0110 集体合同中的劳动报酬及劳动条件应当具备什么标准？

答：集体合同中劳动报酬和劳动条件等标准不得低于当地人民政府规定的最低标准。

依据：《中华人民共和国劳动合同法》第 55 条

0111 用人单位与劳动者订立的劳动合同中，劳动报酬和劳动条件是否可以低于集体合同标准？

答：不可以。用人单位与劳动者订立的劳动合同中，劳动报酬和劳动条件等标准不得低于集体合同规定的标准。

依据：《中华人民共和国劳动合同法》第 55 条

0112 用人单位违反集体合同侵害职工劳动权益的，应当如何处理？

答：用人单位违反集体合同，侵犯职工劳动权益的，工会可以依法要求用人单位承担责任。因履行集体合同发生争议，经协商解决不成的，工会可以依法申请仲裁、提起诉讼。

依据：《中华人民共和国劳动合同法》第 56 条

0113 劳务派遣单位与被派遣劳动者订立的劳动合同，应当载明哪些内容？

答：劳务派遣单位与被派遣劳动者订立的劳动合同，除应当载明《中华人民共和国劳动合同法》第 17 条规定的事项外，还应当载明被派遣劳动者的用工单位以及派遣期限、工作岗位等情况。

依据：《中华人民共和国劳动合同法》第 17 条、第 58 条第 1 款

0114 劳务派遣单位与被派遣劳动者订立的劳动合同期限如何规定？

答：劳务派遣单位应当与被派遣劳动者订立 2 年以上的固定期限书面劳动合同。

依据：《劳务派遣暂行规定》第 5 条

0115 劳务派遣单位是否可以与被派遣劳动者约定试用期？

答：可以依法约定试用期，而且劳务派遣单位与同一被派遣劳动者只能约定 1 次试用期。

依据：《劳务派遣暂行规定》第 6 条

0116 劳务派遣单位是否可以和被派遣劳动者签订非全日制劳动合同？

答：不可以。劳务派遣单位不得以非全日制用工形式招用被派遣劳动者。

依据：《中华人民共和国劳动合同法实施条例》第 30 条

0117 非全日制用工双方当事人是否可以订立口头协议？

答：可以订立口头协议。

依据：《中华人民共和国劳动合同法》第 69 条第 1 款

0118 从事非全日制用工的劳动者是否可以与一个以上用人单位订立劳动合同？

答：可以。但是，后订立的劳动合同不得影响先订立的劳动合同的履行。

依据：《中华人民共和国劳动合同法》第 69 条第 2 款

0119 用人单位自用工之日起满 1 年不与劳动者订立书面劳动合同的，应当如何处理？

答：视为用人单位与劳动者已订立无固定期限劳动合同。

依据：《中华人民共和国劳动合同法》第 14 条第 3 款

0120 人民政府有关部门为安置就业困难人员提供的给予岗位补贴和社会保险补贴的公益性岗位，其所签订的劳动合同是否适用无固定期限劳动合同的规定？

答：不适用。地方各级人民政府及县级以上地方人民政府有关部门为安置就业困难人员提供的给予岗位补贴和社会保险补贴的公益性岗位，其劳动合同不适用劳动合同法有关无固定期限劳动合同的规定以及支付经济补偿的规定。

依据：《中华人民共和国劳动合同法实施条例》第 12 条

0121 劳动者是否可以拒绝用人单位管理人员违章指挥、强令冒险作业的指示？

答：可以，劳动者拒绝上述行为不视为违反劳动合同。

依据：《中华人民共和国劳动合同法》第 32 条第 1 款

0122 用人单位变更名称是否影响劳动合同的履行？

答：不影响劳动合同的履行。

依据：《中华人民共和国劳动合同法》第 33 条

0123 用人单位变更法定代表人、主要负责人或者投资人等事项，是否影响劳动合同的履行？

答：不影响劳动合同的履行。

依据：《中华人民共和国劳动合同法》第 33 条

0124 用人单位发生合并或者分立等情况，原劳动合同应当如何处理？

答：原劳动合同继续有效，劳动合同由承继其权利和义务的用人单位继续履行。

依据：《中华人民共和国劳动合同法》第 34 条

0125 劳动者非因本人原因从原用人单位被安排到新用人单位工作的，劳动者在原用人单位的工作年限是否可以合并计算为新用人单位的工作年限？

答：可以合并计算。原用人单位已经向劳动者支付经济补偿的，新用人单位在依法解除、终止劳动合同计算支付经济补偿的工作年限时，不再计算劳动者在原用人单位的工作年限。

依据：《中华人民共和国劳动合同法实施条例》第 10 条

`0126` 劳动合同履行地与用人单位注册地不一致的，有关劳动者的最低工资标准、劳动保护、劳动条件、职业危害防护和本地区上年度职工月平均工资标准等事项按照何地规定执行？

答：应当按照劳动合同履行地的有关规定执行。用人单位注册地的有关标准高于劳动合同履行地的有关标准，且用人单位与劳动者约定按照用人单位注册地的有关规定执行的，从其约定。

依据：《中华人民共和国劳动合同法实施条例》第 14 条

`0127` 用人单位生产经营情况已经发生变化，是否可以合理调整劳动者的工作岗位？

答：用人单位与劳动者约定可根据生产经营情况调整劳动者工作岗位的，经审查用人单位证明生产经营情况已经发生变化，调岗属于合理范畴，应支持用人单位调整劳动者工作岗位。

依据：《北京市高级人民法院、北京市劳动人事争议仲裁委员会关于审理劳动争议案件法律适用问题的解答》5 第 1 段

`0128` 用人单位与劳动者在劳动合同中没有约定工作岗位或约定不明的，双方因调整工作岗位发生争议，应当如何处理？

答：用人单位有正当理由，根据生产经营需要，合理地调整劳动者的工作岗位属于用人单位的自主用工行为。

依据：《北京市高级人民法院、北京市劳动人事争议仲裁委员会关于审理劳动争议案件法律适用问题的解答》5 第 2 段

`0129` 用人单位调整劳动者工作岗位是否具有合理性，应当如何判断？

答：判断用人单位调整劳动者工作岗位是否具有合理性，应当参考以下因素：用人单位经营必要性、目的正当性，调整后的岗位为劳动者所能胜任、工资待遇等劳动条件无不利变更。

依据：《北京市高级人民法院、北京市劳动人事争议仲裁委员会关于审理劳动争议案件法律适用问题的解答》5 第 2 段

0130 用人单位与劳动者签订的劳动合同中明确约定工作岗位但未约定如何调岗的，用人单位是否可以擅自调整工作岗位？

答：不可以。在不符合《中华人民共和国劳动合同法》第40条所列情形时，用人单位自行调整劳动者工作岗位的属于违约行为，给劳动者造成损失的，用人单位应予以赔偿，参照原岗位工资标准补发差额。

依据：《北京市高级人民法院、北京市劳动人事争议仲裁委员会关于审理劳动争议案件法律适用问题的解答》5第3段

0131 用人单位自行调整劳动者工作岗位是否属于违约，劳动者是否可以主张恢复原工作岗位？

答：属于用人单位违约，但是劳动者是否可以主张恢复原工作岗位应当根据实际情况进行处理。经审查难以恢复原工作岗位的，可释明劳动者另行主张权利，释明后劳动者仍坚持要求恢复原工作岗位，可驳回请求。

依据：《北京市高级人民法院、北京市劳动人事争议仲裁委员会关于审理劳动争议案件法律适用问题的解答》5第3段

0132 用人单位在调整岗位的同时调整工资，劳动者接受调整岗位但不接受同时调整工资的，应当如何处理？

答：应当由用人单位说明调整理由，并应根据用人单位实际情况、劳动者调整后的工作岗位性质、双方合同约定等内容综合判断是否侵犯劳动者合法权益。

依据：《北京市高级人民法院、北京市劳动人事争议仲裁委员会关于审理劳动争议案件法律适用问题的解答》5第4段

0133 用人单位与劳动者订立劳动合同后，是否可以变更劳动合同内容？

答：用人单位与劳动者协商一致时，可以变更劳动合同约定的内容。

依据：《中华人民共和国劳动合同法》第35条第1款

0134 用人单位与劳动者变更劳动合同是否可以采用口头形式？

答：不可以，不管是签订劳动合同还是变更劳动合同均应当采用书面形式。

依据：《中华人民共和国劳动合同法》第 35 条第 1 段

0135 口头变更劳动合同是否有效？

答：变更劳动合同未采用书面形式，但已经实际履行了口头变更的劳动合同超过 1 个月，且变更后的劳动合同内容不违反法律、行政法规，且不违背公序良俗，当事人以未采用书面形式为由主张劳动合同变更无效的，人民法院不予支持。

依据：《最高人民法院关于审理劳动争议案件适用法律问题的解释（一）》第 43 条

0136 用人单位与劳动者在劳动合同中明确约定用人单位可以单方变更工作地点的，用人单位是否可以单方变更工作地点？

答：可以合理变更。即便用人单位与劳动者在劳动合同中明确约定用人单位可以单方变更工作地点的，变更工作地点也应具有合理性。

依据：《北京市高级人民法院、北京市劳动人事争议仲裁委员会关于审理劳动争议案件法律适用问题的解答》6 第 2 段

0137 用人单位单方变更劳动者的工作地点，应当如何审查是否具有合理性？

答：审查用人单位单方变更劳动者工作地点的合理性，除考虑对劳动者的生活影响外，还应考虑用人单位是否采取了合理的弥补措施（如提供交通补助、班车）等。

依据：《北京市高级人民法院、北京市劳动人事争议仲裁委员会关于审理劳动争议案件法律适用问题的解答》6 第 2 段

0138 劳动者已经按变更后的工作地点实际履行合同，又以未采用书面形式为由主张劳动合同变更无效的，是否应当支持？

答：虽然变更劳动合同中的工作地点未采用书面形式，但已经实际履行了口头变更的劳动合同超过 1 个月，且变更后的劳动合同

内容不违反法律、行政法规且不违背公序良俗，当事人以未采用书面形式为由主张劳动合同变更无效的，人民法院不予支持。

依据：

1.《最高人民法院关于审理劳动争议案件适用法律问题的解释（一）》第 43 条

2.《北京市高级人民法院、北京市劳动人事争议仲裁委员会关于审理劳动争议案件法律适用问题的解答》5 第 3 段

0139 用人单位招用劳动者，是否可以扣押劳动者居民身份证和其他证件?

答：用人单位不得扣押劳动者的居民身份证和其他证件。

依据：《中华人民共和国劳动合同法》第 9 条

0140 用人单位招用劳动者，是否可以要求劳动者提供担保?

答：用人单位不得要求劳动者提供担保。

依据：《中华人民共和国劳动合同法》第 9 条

0141 用人单位招用劳动者，是否可以其他名义向劳动者收取财物?

答：用人单位不得以其他名义向劳动者收取财物。

依据：《中华人民共和国劳动合同法》第 9 条

0142 用人单位是否可以强制劳动者加班?

答：不可以。用人单位应当严格执行劳动定额标准，不得强迫或者变相强迫劳动者加班。

依据：《中华人民共和国劳动合同法》第 31 条

0143 用人单位为其招用的劳动者办理了北京市户口，双方据此约定了服务期和违约金，用人单位要求劳动者支付违约金的，是否应当支持?

答：不应予以支持。但确因劳动者违反了诚实信用原则，给用人单位造成损失的，劳动者应当予以赔偿。

依据：《北京市高级人民法院、北京市劳动争议仲裁委员会关于劳动争议案件法律适用问题研讨会会议纪要》六、33

0144 劳务派遣协议应当由哪些主体签订？

答：劳务派遣协议应当由劳务派遣单位与用工单位订立。

依据：《中华人民共和国劳动合同法》第 59 条第 1 款

0145 劳务派遣单位与用工单位因劳务派遣协议发生争议的，是否属于劳动争议？

答：不属于劳动争议，属于劳动合同以外的其他类型合同纠纷。

依据：

《北京市高级人民法院、北京市劳动争议仲裁委员会关于劳动争议案件法律适用问题研讨会会议纪要（二）》一、8

0146 劳务派遣单位是否应当将劳务派遣协议内容告知被派遣劳动者？

答：劳务派遣单位应当将劳务派遣协议的内容告知被派遣劳动者。

依据：《中华人民共和国劳动合同法》第 60 条第 1 款

0147 劳务派遣单位应当对被派遣劳动者履行哪些义务？

答：劳务派遣单位应当对被派遣劳动者履行如下义务：

1. 如实告知被派遣劳动者《中华人民共和国劳动合同法》第 8 条规定的事项、应遵守的规章制度以及劳务派遣协议的内容；

2. 建立培训制度，对被派遣劳动者进行上岗知识、安全教育培训；

3. 按照国家规定和劳务派遣协议约定，依法支付被派遣劳动者的劳动报酬和相关待遇；

4. 按照国家规定和劳务派遣协议约定，依法为被派遣劳动者缴纳社会保险费，并办理社会保险相关手续；

5. 督促用工单位依法为被派遣劳动者提供劳动保护和劳动安全卫生条件；

6. 依法出具解除或者终止劳动合同的证明；

7. 协助处理被派遣劳动者与用工单位的纠纷；

8. 法律、法规和规章规定的其他事项

依据：《劳务派遣暂行规定》第 8 条

0148 用工单位应当对被派遣劳动者履行哪些义务？

答：用工单位应当履行下列义务：

1. 执行国家劳动标准，提供相应的劳动条件和劳动保护；

2. 告知被派遣劳动者的工作要求和劳动报酬；

3. 支付加班费、绩效奖金，提供与工作岗位相关的福利待遇；

4. 对在岗被派遣劳动者进行工作岗位所必需的培训；

5. 连续用工的，实行正常的工资调整机制。

依据：《中华人民共和国劳动合同法》第 62 条第 1 款

0149 劳务派遣单位和用工单位是否可以向劳动者收取保证金等费用？

答：劳务派遣单位和用工单位不得向被派遣劳动者收取费用。

依据：《中华人民共和国劳动合同法》第 60 条第 3 款

0150 用工单位给被派遣劳动者造成损害的，劳务派遣单位是否应当承担连带赔偿责任？

答：用工单位违反劳动合同法及有关劳务派遣规定的，劳务派遣单位和用工单位承担连带赔偿责任。

依据：《中华人民共和国劳动合同法实施条例》第 35 条

0151 劳务派遣单位跨地区派遣劳动者的，被派遣劳动者享有的劳动报酬和劳动条件的标准应当如何执行？

答：应当按照用工单位所在地的标准执行。

依据：

1. 《中华人民共和国劳动合同法》第 61 条

2. 《劳务派遣暂行规定》第 18 条

0152 被派遣劳动者是否享受与用工单位相同工作岗位同等的福利待遇？

答：应当享受。用工单位应当向被派遣劳动者提供与工作岗位相关的福利待遇，不得歧视被派遣劳动者。

依据：

1. 《中华人民共和国劳动合同法》第 62 条

2. 《劳务派遣暂行规定》第 9 条

0153 用工单位安排被派遣劳动者加班，应当由谁支付加班工资？

答：应当由用工单位向被派遣劳动者支付加班工资。

依据：《中华人民共和国劳动合同法》第 62 条第 1 款第 3 项

0154 用工单位是否可以将被派遣劳动者再派遣到其他用人单位？

答：不可以。用工单位不得将被派遣劳动者再派遣到其他用人单位。

依据：《中华人民共和国劳动合同法》第 62 条第 2 款

0155 被派遣劳动者是否享有与用工单位的劳动者同工同酬的权利？

答：被派遣劳动者享有与用工单位的劳动者同工同酬的权利。用工单位无同类岗位劳动者的，参照用工单位所在地相同或者相近岗位劳动者的劳动报酬确定。

依据：《中华人民共和国劳动合同法》第 63 条第 1 款

0156 劳务派遣单位行政许可有效期未延续或者《劳务派遣经营许可证》被撤销、吊销的，已经与被派遣劳动者订立的劳动合同尚未到期的，应当如何处理？

答：双方依法订立的劳动合同应当履行至期限届满。双方经协商一致，可以解除劳动合同。

依据：《劳务派遣暂行规定》第 11 条

0157 在什么情形下，用工单位可以将劳动者退回劳务派遣单位？

答：具有下列情形之一的，用工单位可以将劳动者退回劳务派遣单位：

1. 被派遣劳动者有《中华人民共和国劳动合同法》第 39 条和第 40 条第 1 项、第 2 项规定情形的；

2. 用工单位有《中华人民共和国劳动合同法》第 40 条第 3 项、第 41 条规定情形的；

3. 用工单位被依法宣告破产、吊销营业执照、责令关闭、撤销、决定提前解散或者经营期限届满不再继续经营的；

4. 劳务派遣协议期满终止的。

依据：

1.《中华人民共和国劳动合同法》第 65 条第 2 款

2.《劳务派遣暂行规定》第 12 条第 1 款

0158　哪些单位可以使用被派遣劳动者？

答：依法成立的企业。依法成立的会计师事务所、律师事务所等合伙组织和基金会以及民办非企业单位等组织，都可以使用被派遣劳动者。

依据：《劳务派遣暂行规定》第 2 条第 2 款

0159　用工单位在哪些工作岗位上可以使用被派遣劳动者？

答：只能在临时性、辅助性或者替代性的工作岗位上使用被派遣劳动者。

依据：

1.《中华人民共和国劳动合同法》第 66 条第 1 款

2.《劳务派遣暂行规定》第 3 条第 1 款

0160　被派遣劳动者的工作岗位，是指哪些工作岗位？

答：是指以下工作岗位：

1. 临时性工作岗位：存续时间不超过 6 个月的岗位；

2. 辅助性工作岗位：为主营业务岗位提供服务的非主营业务岗位；

3. 替代性工作岗位：用工单位的劳动者因脱产学习、休假等原因无法工作的一定期间内，可以由其他劳动者替代工作的岗位。

依据：《劳务派遣暂行规定》第 3 条

0161　用工单位决定使用被派遣劳动者的辅助性工作岗位，应当经过什么样的流程？

答：用工单位决定使用被派遣劳动者的辅助性岗位，应当经职工代表大会或者全体职工讨论，提出方案和意见，与工会或者职工代表平等协商确定，并在用工单位内公示。

依据：《劳务派遣暂行规定》第 3 条第 3 款

0162 哪些用工单位使用被派遣劳动者不受临时性、辅助性、替代性岗位及劳务派遣用工比例的限制？

答：外国企业常驻代表机构和外国金融机构驻华代表机构等使用被派遣劳动者的，以及船员用人单位以劳务派遣形式使用国际远洋海员的，不受临时性、辅助性、替代性岗位和劳务派遣用工比例的限制。

依据：《劳务派遣暂行规定》第 25 条

0163 用工单位使用劳务派遣用工数量是否受限制？

答：用工单位应当严格控制劳务派遣用工数量，使用的被派遣劳动者数量不得超过其用工总量的 10%。用工总量是指用工单位订立劳动合同人数与使用的被派遣劳动者人数之和。计算劳务派遣用工比例的用工单位是指依照劳动合同法和劳动合同法实施条例可以与劳动者订立劳动合同的用人单位。

依据：《劳务派遣暂行规定》第 4 条

0164 用人单位将本单位劳动者派往境外工作或者派往家庭、自然人处提供劳动的，是否属于劳务派遣？

答：不属于劳务派遣。

依据：《劳务派遣暂行规定》第 26 条

0165 用人单位以承揽、外包等名义，按劳务派遣用工形式使用劳动者的，应当如何处理？

答：应当按照《劳务派遣暂行规定》的有关规定处理。

依据：《劳务派遣暂行规定》第 27 条

0166 用人单位或其所属单位是否可以自己设立劳务派遣单位向本单位或者所属单位派遣劳动者？

答：不可以。

依据：
1. 《中华人民共和国劳动合同法》第 67 条
2. 《中华人民共和国劳动合同法实施条例》第 28 条

0167　用工单位是否可以将连续用工期限分割，与劳务派遣单位订立多个短期劳务派遣协议？

答：不可以。用工单位应当根据工作岗位的实际需要与劳务派遣单位确定派遣期限，用工单位不得将连续用工期限分割订立数个短期劳务派遣协议。

依据：《中华人民共和国劳动合同法》第 59 条第 2 款

0168　用人单位分立或合并后与劳动者重新签订劳动合同，劳动者是否可以要求用人单位支付经济补偿金？

答：不可以。企业法人分立、合并，它的权利和义务由变更后的法人享有和承担。用人单位发生分立或合并后，分立或合并后的用人单位可依据其实际情况与原用人单位的劳动者遵循平等自愿、协商一致的原则变更、解除或重新签订劳动合同。在此种情况下的重新签订劳动合同视为对原劳动合同的变更，用人单位变更劳动合同，劳动者不能要求用人单位支付经济补偿金。

依据：《劳动部关于贯彻执行〈中华人民共和国劳动法〉若干问题的意见》二、（五）、37

0169　在哪些情形下，用人单位解除劳动合同可以不支付劳动者经济补偿金？

答：具有下列情形之一的，用人单位解除劳动合同可以不支付劳动者经济补偿金：

1. 在试用期间被证明不符合录用条件的；
2. 严重违反劳动纪律或者用人单位规章制度的；
3. 严重失职，营私舞弊，对用人单位利益造成重大损害的；
4. 被依法追究刑事责任的。

依据：

1. 《中华人民共和国劳动法》第 25 条
2. 《劳动部关于贯彻执行〈中华人民共和国劳动法〉若干问题的意见》二、（五）、39

0170　被派遣劳动者是否有权参加或者组织工会？

答：有权。被派遣劳动者有权在劳务派遣单位或者用工单位依法参加或者组织工会，维护自身的合法权益。

依据：《中华人民共和国劳动合同法》第 64 条

0171 劳动合同法规定的职工名册，应当包括哪些项目？

答：应当包括劳动者姓名、性别、公民身份号码、户籍地址及现住址、联系方式、用工形式、用工起始时间、劳动合同期限等内容。

依据：《中华人民共和国劳动合同法实施条例》第 8 条

0172 用人单位执行的月计薪天数是多少？

答：21.75 天。计算公式：（365 天−104 天）÷12 月＝21.75 天

依据：《劳动和社会保障部关于职工全年月平均工作时间和工资折算问题的通知》二

0173 用人单位在计发工资时，如何折算日工资及小时工资？

答：日工资及小时工资按以下方式计算：

1. 日工资＝月工资收入÷月计薪天数（21.75 天）

2. 小时工资＝月工资收入÷（月计薪天数×8 小时）

依据：《劳动和社会保障部关于职工全年月平均工作时间和工资折算问题的通知》二

0174 在什么情形下，劳动者可以与用人单位解除劳动合同？

答：有下列情形之一的，依照劳动合同法规定的条件、程序，劳动者可以与用人单位解除固定期限劳动合同、无固定期限劳动合同或者以完成一定工作任务为期限的劳动合同：

1. 劳动者与用人单位协商一致的；
2. 劳动者提前 30 日以书面形式通知用人单位的；
3. 劳动者在试用期内提前 3 日通知用人单位的；
4. 用人单位未按照劳动合同约定提供劳动保护或者劳动条件的；
5. 用人单位未及时足额支付劳动报酬的；
6. 用人单位未依法为劳动者缴纳社会保险费的；
7. 用人单位的规章制度违反法律、法规的规定，损害劳动者权益的；
8. 用人单位以欺诈、胁迫的手段或者乘人之危，使劳动者在违背真实意思的情况下订立或者变更劳动合同的；
9. 用人单位在劳动合同中免除自己的法定责任、排除劳动者权利的；
10. 用人单位违反法律、行政法规强制性规定的；
11. 用人单位以暴力、威胁或者非法限制人身自由的手段强迫劳动者劳动的；
12. 用人单位违章指挥、强令冒险作业危及劳动者人身安全的；
13. 法律、行政法规规定劳动者可以解除劳动合同的其他情形。

依据：

1. 《中华人民共和国劳动合同法》第 36 条、第 37 条、第 38 条

2. 《中华人民共和国劳动合同法实施条例》第 18 条

0175 在什么情形下，用人单位可以与劳动者解除劳动合同？

答：有下列情形之一的，依照劳动合同法规定的条件、程序，用人单位可以与劳动者解除固定期限劳动合同、无固定期限劳动合同或者以完成一定工作任务为期限的劳动合同：

1. 用人单位与劳动者协商一致的；

2. 劳动者在试用期间被证明不符合录用条件的；

3. 劳动者严重违反用人单位的规章制度的；

4. 劳动者严重失职，营私舞弊，给用人单位造成重大损害的；

5. 劳动者同时与其他用人单位建立劳动关系，对完成本单位的工作任务造成严重影响，或者经用人单位提出，拒不改正的；

6. 劳动者以欺诈、胁迫的手段或者乘人之危，使用人单位在违背真实意思的情况下订立或者变更劳动合同的；

7. 劳动者被依法追究刑事责任的；

8. 劳动者患病或者非因工负伤，在规定的医疗期满后不能从事原工作，也不能从事由用人单位另行安排的工作的；

9. 劳动者不能胜任工作，经过培训或者调整工作岗位，仍不能胜任工作的；

10. 劳动合同订立时所依据的客观情况发生重大变化，致使劳动合同无法履行，经用人单位与劳动者协商，未能就变更劳动合同内容达成协议的；

11. 用人单位依照企业破产法规定进行重整的；

12. 用人单位生产经营发生严重困难的；

13. 企业转产、重大技术革新或者经营方式调整，经变更劳动合同后，仍需裁减人员的；

14. 其他因劳动合同订立时所依据的客观经济情况发生重大变化，致使劳动合同无法履行的。

依据：

1. 《中华人民共和国劳动合同法》第 36 条、第 39 条、第 40 条

2.《中华人民共和国劳动合同法实施条例》第 19 条

0176 在试用期内，用人单位是否可以以"情势变更"为由解除劳动合同？

答：不可以。

依据：《中华人民共和国劳动合同法》第 21 条、第 40 条第 3 项

0177 用人单位是否可以在试用期内随意解除劳动合同？

答：不可以随意解除。用人单位证明已向劳动者明确告知录用条件，并且提供证据证明劳动者在试用期间不符合录用条件的，方可依照《中华人民共和国劳动合同法》第 39 条第 1 项的规定解除劳动合同。

依据：

1.《中华人民共和国劳动合同法》第 21 条

2.《北京市高级人民法院、北京市劳动人事争议仲裁委员会关于审理劳动争议案件法律适用问题的解答》11 第 2 段

0178 劳动者在试用期内是否符合录用条件，应当如何认定？

答：就劳动者是否符合录用条件的认定，在试用期的认定标准可适当低于试用期届满后的认定标准。劳动者不符合录用条件的情况主要有以下情形：

1. 劳动者违反诚实信用原则对影响劳动合同履行的自身基本情况有隐瞒或虚构事实的，包括提供虚假学历证书、假身份证、假护照等个人重要证件；对履历、知识、技能、业绩、健康等个人情况的说明与事实有重大出入的；

2. 在试用期间存在工作失误的，对工作失误的认定以劳动法相关规定、用人单位规章制度以及双方合同约定内容为判断标准；

3. 双方约定属于用人单位考核劳动者试用期不符合录用条件的其他情况。

依据：《北京市高级人民法院、北京市劳动人事争议仲裁委员会关于审理劳动争议案件法律适用问题的解答》11 第 3 段

0179 用人单位向劳动者提出解除劳动合同并与劳动者协商一致解除劳动合同的，用人单位是否应当向劳动者支付经济补偿金？

答：应当向劳动者支付解除劳动合同经济补偿金。

依据：《中华人民共和国劳动合同法》第 36 条、第 46 条

`0180` 在什么情形下，劳动者可以随时通知用人单位解除劳动合同？

答：有下列情形之一的，劳动者可以随时通知用人单位解除劳动合同：

1. 未按照劳动合同约定提供劳动保护或者劳动条件的；

2. 未及时足额支付劳动报酬的；

3. 未依法为劳动者缴纳社会保险费的；

4. 用人单位的规章制度违反法律、法规的规定，损害劳动者权益的；

5. 因《中华人民共和国劳动合同法》第 26 条第 1 款规定的情形致使劳动合同无效的；

6. 法律、行政法规规定劳动者可以解除劳动合同的其他情形。

依据：《中华人民共和国劳动合同法》第 38 条第 1 款

`0181` 在什么情形下，劳动者可以立即解除劳动合同而不需要事先告知用人单位？

答：用人单位以暴力、威胁或者非法限制人身自由的手段强迫劳动者劳动的，或者用人单位违章指挥、强令冒险作业危及劳动者人身安全的，劳动者可以立即解除劳动合同，不需事先告知用人单位。

依据：《中华人民共和国劳动合同法》第 38 条第 2 款

`0182` 劳动者向用人单位提出解除劳动合同，双方协商一致同意的，用人单位是否还需要支付经济补偿金？

答：不需要，除非双方约定支付经济补偿金。

依据：《中华人民共和国劳动合同法》第 36 条、第 46 条

`0183` 劳动者以用人单位未依法为其缴纳社会保险为由提出解除劳动合同，要求用人单位支付经济补偿金的，应当如何处理？

答：劳动者提出解除劳动合同前 1 年内，存在因用人单位过错未为劳动者建立社保账户或虽建立了社保账户但缴纳险种不全情形的，一般应予支持。用人单位已为劳动者建立社保账户且险种齐全，

但存在缴纳年限不足、缴费基数低等问题的，劳动者的社保权益可通过用人单位补缴或社保管理部门强制征缴的方式实现，在此情形下，劳动者以此为由主张解除劳动合同经济补偿的，一般不予支持。

依据：《北京市高级人民法院、北京市劳动人事争议仲裁委员会关于审理劳动争议案件法律适用问题的解答》24

0184　劳动者要求用人单位不缴纳社会保险，后又以用人单位未缴纳社会保险为由提出解除劳动合同并要求支付经济补偿金的，是否应当予以支持？

答：依法缴纳社会保险为用人单位与劳动者的法定义务，即便是因劳动者要求用人单位不为其缴纳社会保险的，仍应当支持劳动者要求用人单位支付解除劳动合同的经济补偿金。

依据：《北京市高级人民法院、北京市劳动人事争议仲裁委员会关于审理劳动争议案件法律适用问题的解答》25

0185　在什么情形下，劳动者提出解除劳动合同的，用人单位应当支付劳动者经济补偿金？

答：用人单位有下列情形之一，劳动者提出解除劳动合同，用人单位应当支付劳动者解除劳动合同的经济补偿金：

1. 未按照劳动合同约定提供劳动保护或者劳动条件的；

2. 未及时足额支付劳动报酬的；

3. 未依法为劳动者缴纳社会保险费的；

4. 用人单位的规章制度违反法律、法规的规定，损害劳动者权益的；

5. 因《中华人民共和国劳动合同法》第26条第1款规定的情形致使劳动合同无效的；

6. 用人单位以暴力、威胁或者非法限制人身自由的手段强迫劳动者劳动的；

7. 用人单位违章指挥、强令冒险作业危及劳动者人身安全的；

8. 法律、行政法规规定劳动者可以解除劳动合同的其他情形。

依据：《中华人民共和国劳动合同法》第38条、第46条

0186 用人单位拒绝支付与劳动者约定的汽车、房屋、住房补贴等经济方面的特殊待遇，或者要求劳动者返还上述特殊待遇的，应当如何处理？

答：用人单位除向劳动者支付正常劳动报酬外，还特别给予劳动者如汽车、房屋、住房补贴等经济方面特殊待遇，双方对特殊待遇与约定工作期限的关联性有明确约定的按约定。虽无明确约定，但能够认定用人单位系基于劳动者的工作期限给予劳动者特殊待遇的，由于劳动者未完全履行合同，用人单位可以就劳动者未履行合同对应部分拒绝给付特殊待遇，对已经预先给付的，可以按照相应比例要求返还。

依据：《北京市高级人民法院、北京市劳动人事争议仲裁委员会关于审理劳动争议案件法律适用问题的解答》14

0187 在什么情形下，用人单位可以解除劳动合同且不支付经济补偿或者赔偿？

答：劳动者有下列情形之一的，用人单位可以解除劳动合同且不向劳动者支付经济补偿或者赔偿：

1. 在试用期间被证明不符合录用条件的；

2. 严重违反用人单位的规章制度的；

3. 严重失职，营私舞弊，给用人单位造成重大损害的；

4. 劳动者同时与其他用人单位建立劳动关系，对完成本单位的工作任务造成严重影响，或者经用人单位提出，拒不改正的；

5. 因《中华人民共和国劳动合同法》第26条第1款第1项规定的情形致使劳动合同无效的；

6. 被依法追究刑事责任的。

依据：

1. 《中华人民共和国劳动法》第25条

2. 《中华人民共和国劳动合同法》第39条

0188　用人单位与劳动者在劳动合同中宽泛地约定工作地点是"全国""北京"等，用人单位调整劳动者的工作地点但劳动者不同意，用人单位依据规章制度解除劳动合同，是否应当予以支持？

答：不支持。用人单位与劳动者在劳动合同中宽泛地约定工作地点是"全国""北京"等，如无对用人单位经营模式、劳动者工作岗位特性等特别提示，属于对工作地点约定不明。劳动者在签订劳动合同后，已经在实际履行地点工作的，视为双方确定了具体的工作地点。用人单位不得仅以工作地点约定为"全国""北京"为由，无正当理由变更劳动者的工作地点。

依据：《北京市高级人民法院、北京市劳动人事争议仲裁委员会关于审理劳动争议案件法律适用问题的解答》6 第 1 段

0189　劳动者患病或者非因工负伤，在规定的医疗期限内，用人单位是否可在劳动者无过错的情况下解除劳动合同？

答：不可以。用人单位在劳动者无过错的情况下不得在规定的医疗期内解除劳动合同。

依据：

1. 《中华人民共和国劳动法》第 29 条第 1 款

2. 《中华人民共和国劳动合同法》第 42 条第 3 款

0190　在什么情形下，用人单位提前 30 日以书面形式通知劳动者本人或者额外支付劳动者 1 个月工资后，可以解除劳动合同？

答：有下列情形之一的，用人单位提前 30 日以书面形式通知劳动者本人或者额外支付劳动者 1 个月工资后，可以解除劳动合同：

1. 劳动者患病或者非因工负伤，在规定的医疗期满后不能从事原工作，也不能从事由用人单位另行安排的工作的；

2. 劳动者不能胜任工作，经过培训或者调整工作岗位，仍不能胜任工作的；

3. 劳动合同订立时所依据的客观情况发生重大变化，致使劳动合同无法履行，经用人单位与劳动者协商，未能就变更劳动合同内容达成协议的。

依据：《中华人民共和国劳动合同法》第 40 条

0191 "劳动合同订立时所依据的客观情况发生重大变化"，是指哪些情形？

答：是指劳动合同订立后发生了用人单位和劳动者订立合同时无法预见的变化，致使双方订立的劳动合同全部或者主要条款无法履行，或者若继续履行将出现成本过高等显失公平的状况，致使劳动合同目的难以实现。下列情形一般属于"劳动合同订立时所依据的客观情况发生重大变化"：

1. 地震、火灾、水灾等自然灾害形成的不可抗力；

2. 受法律、法规、政策变化导致用人单位迁移、资产转移或者停产、转产、转（改）制等重大变化的；

3. 特许经营性质的用人单位经营范围等发生变化的。

依据：《北京市高级人民法院、北京市劳动人事争议仲裁委员会关于审理劳动争议案件法律适用问题的解答》12

0192 劳动者严重违反劳动纪律和职业道德的，用人单位是否可以解除劳动合同？

答：劳动者应当遵守劳动纪律和职业道德。劳动者严重违反劳动纪律或者职业道德的，用人单位可以与劳动者解除劳动合同。

依据：

1.《中华人民共和国劳动法》第3条第2款

2.《北京市高级人民法院、北京市劳动人事争议仲裁委员会关于审理劳动争议案件法律适用问题的解答》13

0193 用人单位违法解除或者终止劳动合同，劳动者要求继续履行劳动合同的，应当如何处理？

答：劳动者要求继续履行劳动合同的，一般应予以支持。在仲裁中发现确实无法继续履行劳动合同的，应做好释明工作，告知劳动者将要求继续履行劳动合同的请求变更为要求用人单位支付违法解除劳动合同赔偿金等请求。如经充分释明，劳动者仍坚持要求继续履行劳动合同的，应尊重劳动者的诉权，驳回劳动者的请求，告知其可另行向用人单位主张违法解除劳动合同赔偿金等。如经释明后，劳动者的请求变更为要求用人单位支付违法解除劳动合同赔偿金等的，应当继续处理。在诉讼中发现确实无法继续履行劳动合同的，驳回劳动者的诉讼请求，告知其可另行向用人单位主张违法解除劳动合同赔偿金等。

依据：《北京市高级人民法院、北京市劳动人事争议仲裁委员会关于审理劳动争议案件法律适用问题的解答》8

0194　用人单位违法解除或者终止劳动合同后，劳动者要求继续履行劳动合同，哪些情形可以认定为"劳动合同确实无法继续履行"？

答：认定劳动合同确实无法继续履行，主要有以下情形：

1. 用人单位被依法宣告破产、吊销营业执照、责令关闭、撤销，或者用人单位决定提前解散的；

2. 劳动者在仲裁或者诉讼过程中达到法定退休年龄的；

3. 劳动合同在仲裁或者诉讼过程中到期终止且不存在《中华人民共和国劳动合同法》第14条规定应当订立无固定期限劳动合同情形的；

4. 劳动者原岗位对用人单位的正常业务开展具有较强的不可替代性和唯一性（如总经理、财务负责人等），且劳动者原岗位已被他人替代，双方不能就新岗位达成一致意见的；

5. 劳动者已入职新单位的；

6. 仲裁或诉讼过程中，用人单位向劳动者送达复工通知，要求劳动者继续工作，但劳动者拒绝的；

7. 其他明显不具备继续履行劳动合同条件的。

依据：《北京市高级人民法院、北京市劳动人事争议仲裁委员会关于审理劳动争议案件法律适用问题的解答》9第1段

0195　劳动者原岗位已被他人替代的，用人单位仅以此为由进行抗辩，是否可以认定为"劳动合同确实无法继续履行的情形"？

答：不宜认定为"劳动合同确实无法继续履行的情形"。

依据：《北京市高级人民法院、北京市劳动人事争议仲裁委员会关于审理劳动争议案件法律适用问题的解答》9第2段

0196 用人单位违法解除劳动合同，劳动者要求继续履行劳动合同，如果其他单位已经为劳动者缴纳了社会保险，是否可以认定劳动合同确实无法继续履行？

答：不能仅以社会保险缴纳记录作为认定劳动者与新单位形成劳动关系的依据。但此时举证责任转移，由劳动者证明其与新用人单位之间不是劳动关系。若劳动者不能提出反证，则依据其与新用人单位之间的社保缴费记录确认劳动者与原用人单位"劳动合同确实无法继续履行"。

依据：《北京市高级人民法院、北京市劳动人事争议仲裁委员会关于审理劳动争议案件法律适用问题的解答》10

0197 用人单位依据《中华人民共和国劳动合同法》第40条规定选择额外支付劳动者1个月工资解除劳动合同的，其额外支付的工资应当如何确定？

答：应当按照该劳动者上1个月的工资标准确定。

依据：《中华人民共和国劳动合同法实施条例》第20条

0198 用人单位解除或者终止劳动合同的经济补偿金，应当如何计算？

答：经济补偿按劳动者在本单位工作的年限，每满1年支付1个月工资的标准向劳动者支付。6个月以上不满1年的，按1年计算。不满6个月的，向劳动者支付半个月工资的经济补偿。

依据：《中华人民共和国劳动合同法》第47条第1款

0199 劳动者月工资高于用人单位所在地上年度职工月平均工资3倍的，用人单位向其支付解除或者终止劳动合同的经济补偿金是否有限制？

答：劳动者月工资高于用人单位所在直辖市、设区的市级人民政府公布的本地区上年度职工月平均工资3倍的，向其支付经济补偿的标准按职工月平均工资3倍的数额支付，向其支付经济补偿的年限最高不超过12年。

依据：《中华人民共和国劳动合同法》第47条第2款

0200　用人单位解除或者终止劳动合同，计算经济补偿的月工资应当如何确定？

答：计算经济补偿的月工资，是指劳动者在劳动合同解除或者终止前 12 个月的平均工资。

依据：《中华人民共和国劳动合同法》第 47 条第 3 款

0201　用人单位解除或者终止劳动合同，计算经济补偿的月工资包括哪些项目？

答：计算经济补偿的月工资按照劳动者应得工资计算，包括计时工资或者计件工资以及奖金、津贴和补贴等货币性收入。

依据：《中华人民共和国劳动合同法实施条例》第 27 条

0202　劳动者在劳动合同解除或者终止前 12 个月的平均工资低于当地最低工资标准的，应当如何确定经济补偿的月工资？

答：计算经济补偿的应当按照当地最低工资标准计算。

依据：《中华人民共和国劳动合同法实施条例》第 27 条

0203　劳动者工作不满 12 个月的，用人单位支付解除或者终止劳动合同经济补偿的月工资如何计算？

答：劳动者工作不满 12 个月的，按照实际工作的月数计算平均工资。

依据：《中华人民共和国劳动合同法实施条例》第 27 条

0204　在什么情形下，用人单位可以进行经济性裁员？

答：发生以下情形，用人单位可以裁减人员：

1. 依照企业破产法规定进行重整的；

2. 生产经营发生严重困难的；

3. 企业转产、重大技术革新或者经营方式调整，经变更劳动合同后，仍需裁减人员的；

4. 其他因劳动合同订立时所依据的客观经济情况发生重大变化，致使劳动合同无法履行的。

依据：

1. 《中华人民共和国劳动法》第 27 条；

2. 《中华人民共和国劳动合同法》第 41 条第 1 款

0205 用人单位进行经济性裁员时，应当履行什么程序？

答：用人单位符合《中华人民共和国劳动合同法》第 41 条规定情形，需要裁减人员 20 人以上或者裁减不足 20 人但占企业职工总数 10% 以上的，用人单位提前 30 日向工会或者全体职工说明情况，听取工会或者职工的意见后，裁减人员方案经向劳动行政部门报告，可以裁减人员。

依据：

1.《中华人民共和国劳动法》第 27 条；

2.《中华人民共和国劳动合同法》第 41 条第 1 款

0206 用人单位在进行经济性裁员时，应当优先留用哪些人员？

答：应当优先留用下列人员：

1. 与本单位订立较长期限的固定期限劳动合同的；

2. 与本单位订立无固定期限劳动合同的；

3. 家庭无其他就业人员，有需要扶养的老人或者未成年人的。

依据：《中华人民共和国劳动合同法》第 41 条第 2 款

0207 用人单位在进行经济性裁员后，在 6 个月内重新招用人员的，应当优先招用哪些人员？

答：用人单位应当通知被裁减的人员，并在同等条件下优先招用被裁减的人员。

依据：《中华人民共和国劳动合同法》第 41 条第 3 款

0208 劳动者有哪些情形，用人单位不得依照《中华人民共和国劳动合同法》第 40 条、第 41 条的规定解除劳动合同？

答：劳动者有下列情形之一的，用人单位不得依照本法第 40 条、第 41 条的规定解除劳动合同：

1. 从事接触职业病危害作业的劳动者未进行离岗前职业健康检查，或者疑似职业病病人在诊断或者医学观察期间的；

2. 在本单位患职业病或者因工负伤并被确认丧失或者部分丧失劳动能力的；

3. 患病或者非因工负伤，在规定的医疗期内的；

4. 女职工在孕期、产期、哺乳期的;

5. 在本单位连续工作满 15 年,且距法定退休年龄不足 5 年的;

6. 法律、行政法规规定的其他情形。

依据:《中华人民共和国劳动合同法》第 42 条

[0209] 用人单位未按北京市规定的险种为劳动者建立社会保险关系,劳动者请求解除劳动合同并要求用人单位支付经济补偿金的,是否应当支持?

答: 应予支持,但经济补偿金支付年限应从 2008 年 1 月 1 日起开始计算。

依据:《北京市高级人民法院、北京市劳动争议仲裁委员会关于劳动争议案件法律适用问题研讨会会议纪要》六、31

[0210] 劳动者以用人单位未足额缴纳或者欠缴社会保险费为由请求解除劳动合同并要求用人单位支付经济补偿金的,是否应当支持?

答: 不予支持。

依据:《北京市高级人民法院、北京市劳动争议仲裁委员会关于劳动争议案件法律适用问题研讨会会议纪要》六、31

[0211] 劳动者以用人单位在《中华人民共和国劳动合同法》实施前未及时足额支付劳动报酬为由,请求解除劳动合同并要求用人单位支付经济补偿金的,是否应当支持?

答: 用人单位未及时足额支付劳动报酬,除符合《最高人民法院关于审理劳动争议案件适用法律若干问题的解释》第 15 条规定的情形外,劳动者请求解除劳动合同并要求用人单位支付经济补偿金的,不予支持。

依据:《北京市高级人民法院、北京市劳动争议仲裁委员会关于劳动争议案件法律适用问题研讨会会议纪要》六、32

[0212] 劳动者要求用人单位支付克扣或者拖欠工资数额的 25% 的经济补偿金,是否应当支持?

答: 不支持。劳动者依据《违反和解除劳动合同的经济补偿办法》第 3 条、第 4 条规定主张给付工资数额的 25% 的经济补偿金,仲裁委、法院应当向劳动者释明其应依据《中华人民共和国劳动合同法》第 85 条规定先经劳动行政部门处理，劳动者坚持主张给付经济补偿金的，应驳回其请求。

依据：《北京市高级人民法院、北京市劳动争议仲裁委员会关于劳动争议案件法律适用问题研讨会会议纪要（二）》四、38 第 1 段

0213 劳动者依据《中华人民共和国劳动合同法》第 85 条向仲裁委、法院主张加付赔偿金的，应当如何处理？

答：劳动者应当向仲裁委、法院提供已经依法先经劳动行政部门处理的证据，包括提供劳动行政部门责令用人单位限期支付劳动报酬、加班费、经济补偿或低于最低工资标准的差额部分的限期整改证据，以及用人单位逾期不履行上述义务的证据。

劳动行政部门已经责令用人单位加付赔偿金的，由劳动行政部门处理，仲裁委、法院不再重复处理。

依据：

1. 《中华人民共和国劳动合同法》第 85 条

2. 《北京市高级人民法院、北京市劳动争议仲裁委员会关于劳动争议案件法律适用问题研讨会会议纪要（二）》四、38 第 3、4 段

0214 女职工在未知自己怀孕的情况下与用人单位协商解除劳动合同后，又要求撤销解除协议或者要求继续履行原劳动合同的，应当如何处理？

答：女职工与用人单位协商解除劳动合同后，发现自己怀孕后又要求撤销协议或者要求继续履行原合同的，一般不予支持。

依据：《北京市高级人民法院、北京市劳动争议仲裁委员会关于劳动争议案件法律适用问题研讨会会议纪要（二）》四、45

0215 用人单位与劳动者就解除或者终止劳动合同办理相关手续、支付工资报酬、加班费、经济补偿或者赔偿金等达成的协议，是否有效？

答：双方达成的协议不违反法律、行政法规的强制性规定，而且不存在欺诈、胁迫或者乘人之危情形的，应当认定有效。

依据：《最高人民法院关于审理劳动争议案件适用法律问题的解释（一）》第 35 条第 1 款

0216 用人单位与劳动者就解除或者终止劳动合同办理相关手续、支付工资报酬、加班费、经济补偿或者赔偿金等达成的协议，当事人在什么情形下可以请求撤销？

答：双方达成的协议存在重大误解或者显失公平的情形，当事人请求撤销的，人民法院应予支持。

依据：《最高人民法院关于审理劳动争议案件适用法律问题的解释（一）》第35条第2款

0217 2008年1月1日前签订的劳动合同解除或者终止，应当如何计算经济补偿金？

答：2007年12月31日前的经济补偿金依照《中华人民共和国劳动法》及其配套规定计算，2008年1月1日后的经济补偿依照《中华人民共和国劳动合同法》的规定计算。

依据：《北京市高级人民法院、北京市劳动争议仲裁委员会关于劳动争议案件法律适用问题研讨会会议纪要》六、25第1段

0218 2008年1月1日前签订的劳动合同解除或者终止，计算经济补偿金的月工资基数应当如何确定？

答：经济补偿金的月工资基数为劳动者在劳动合同解除或者终止前12个月的平均工资，不再分段计算。

依据：《北京市高级人民法院、北京市劳动争议仲裁委员会关于劳动争议案件法律适用问题研讨会会议纪要》六、25第1段

0219 用人单位违法解除或者终止在2008年1月1日之前签订的劳动合同，赔偿金应当如何确定？

答：用人单位违反劳动合同法的规定解除或终止在2008年1月1日之前签订的劳动合同，应支付的赔偿金的计算方法为：自用工之日起依照《中华人民共和国劳动合同法》第47条的规定计算出经济补偿金的2倍进行补偿，不再分段计算。

依据：

1.《中华人民共和国劳动合同法》第47条

2.《北京市高级人民法院、北京市劳动争议仲裁委员会关于劳动争议案件法律适用问题研讨会会议纪要》六、25第1、3段

0220 用人单位违反《中华人民共和国劳动合同法》的有关规定，需向劳动者每月支付 2 倍工资的，其加付的 1 倍工资，是否应当计入经济补偿金或赔偿金的计算基数？

答：不计入。

依据：《北京市高级人民法院、北京市劳动争议仲裁委员会关于劳动争议案件法律适用问题研讨会会议纪要》六、25 第 4 段

0221 用人单位依法向劳动者支付解除或者终止劳动合同的经济补偿金，应当于何时支付劳动者？

答：用人单位应当在办结工作交接时支付劳动者。

依据：《中华人民共和国劳动合同法》第 50 条第 2 款

0222 用人单位违反《中华人民共和国劳动法》规定的条件解除劳动合同或者故意拖延不订立劳动合同的，应当如何处理？

答：应当由劳动行政部门责令改正。对劳动者造成损害的，应当承担赔偿责任。

依据：《中华人民共和国劳动法》第 98 条

0223 用人单位违法解除或者终止劳动合同，劳动者是否可以同时主张赔偿金和经济补偿金？

答：用人单位依法支付劳动者违法解除或者终止劳动合同赔偿金的，不再支付经济补偿金。

依据：《中华人民共和国劳动合同法实施条例》第 25 条

0224 用人单位违法解除或者终止劳动合同，劳动者主张赔偿金的计算年限从何时起计算？

答：赔偿金的计算年限自用工之日起计算。

依据：《中华人民共和国劳动合同法实施条例》第 25 条

0225 用人单位违法解除或者终止劳动合同，劳动者是否可以要求继续履行劳动合同？

答：用人单位违法解除或者终止劳动合同，劳动者要求继续履行劳动合同的，用人单位应当继续履行。

依据：《中华人民共和国劳动合同法》第 48 条

0226 用人单位违法解除或终止劳动合同，劳动者要求继续履行，但劳动合同客观上已经无法继续履行的，应当如何处理？

答：用人单位违法解除或者终止劳动合同，劳动者要求继续履行劳动合同的，用人单位应当继续履行。劳动合同已经不能继续履行的，用人单位应当依照《中华人民共和国劳动合同法》第 87 条规定向劳动者支付赔偿金。

依据：《中华人民共和国劳动合同法》第 48 条

0227 用人单位与劳动者解除或终止劳动合同时自愿签订的和解协议，在履行完毕后，一方当事人反悔主张和解协议无效的，是否应当支持？

答：一般不予支持，但和解协议中双方的权利义务明显失衡，仲裁委或人民法院可予以适当调整。

依据：《北京市高级人民法院、北京市劳动争议仲裁委员会关于劳动争议案件法律适用问题研讨会会议纪要》六、30

0228 劳动者以《中华人民共和国劳动合同法》第 38 条规定之外的情形为由提出解除劳动合同的，但却在仲裁或诉讼阶段又主张是用人单位存在前述法定情形迫使其解除劳动合同，请求用人单位支付经济补偿金或赔偿金的，应当如何处理？

答：对于劳动者提出解除劳动合同的，应以劳动者当时实际解除劳动合同时提出的理由作为认定案件事实的依据，劳动者以《中华人民共和国劳动合同法》第 38 条规定之外的情形为由提出解除劳动合同，在仲裁或诉讼阶段又主张是用人单位存在前述法定情形迫使其解除劳动合同，请求用人单位支付经济补偿金或赔偿金的，仲裁委、法院不予支持，但劳动者证明在解除劳动合同时，存在欺诈、胁迫、重大误解等违背其真实意思表示的情形的除外。

依据：《北京市高级人民法院、北京市劳动争议仲裁委员会关于劳动争议案件法律适用问题研讨会会议纪要（二）》四、39

0229 劳动合同解除或者终止后，用人单位应当承担哪些义务？

答：用人单位应当在解除或者终止劳动合同时出具解除或者终

止劳动合同的证明，并在 15 日内为劳动者办理档案和社会保险关系转移手续。用人单位依照本法有关规定应当向劳动者支付经济补偿的，在办结工作交接时支付。用人单位对已经解除或者终止的劳动合同的文本，至少保存 2 年备查。

依据：《中华人民共和国劳动合同法》第 50 条

0230 解除或终止劳动合同后，用人单位拒不向劳动者出具终止或者解除劳动关系证明或者未在法律规定的期限内为劳动者办理档案和社会保险关系转移手续，造成劳动者无法就业的，劳动者请求用人单位赔偿损失的，应当如何处理？

答：劳动者能够证明因用人单位的过错造成其无法就业并发生实际经济损失的，应当予以支持。劳动者对用人单位过错与其无法就业有直接的因果关系以及因此所造成经济损失的具体数额负有举证责任，不能证明有直接因果关系的不予支持，如确实造成经济损失，但无法确定经济损失具体数额的，可以按照劳动者在解除或终止劳动合同前 12 个月平均工资确定。

依据：《北京市高级人民法院、北京市劳动争议仲裁委员会关于劳动争议案件法律适用问题研讨会会议纪要（二）》四、41

0231 因用人单位迟延转档或将档案丢失，劳动者要求用人单位赔偿损失的纠纷，是否属于劳动争议案件？

答：属于劳动争议案件，劳动者可以申请劳动仲裁要求用人单位赔偿损失。

依据：《北京市高级人民法院、北京市劳动争议仲裁委员会关于劳动争议案件法律适用问题研讨会会议纪要》一、2

0232 在北京，因用人单位的过错而使档案迟延移转，劳动者要求用人单位赔偿损失的，赔偿数额应当如何确定？

答：赔偿数额可以参照《北京市失业保险规定》及相关政策文件的规定。

依据：《北京市高级人民法院、北京市劳动争议仲裁委员会关于劳动争议案件法律适用问题研讨会会议纪要》八、40

0233 因用人单位的过错而使劳动者档案丢失，劳动者要求用人单位赔偿损失，赔偿数额应当如何确定？

答：劳动者因其档案丢失而向用人单位主张赔偿损失的，可根据当事人的过错程度和受损情况酌情确定赔偿数额，一般不超过60 000元。

依据：《北京市高级人民法院、北京市劳动争议仲裁委员会关于劳动争议案件法律适用问题研讨会会议纪要》八、40

0234 用人单位出具的解除或终止劳动合同证明，应当载明哪些事项？

答：应当写明劳动合同期限、解除或者终止劳动合同的日期、工作岗位、在本单位的工作年限。

依据：《中华人民共和国劳动合同法实施条例》第24条

0235 劳动者未依法提前通知用人单位解除劳动合同，给用人单位造成损失的，是否应当承担赔偿责任？

答：给用人单位造成直接经济损失的，应当承担相应的赔偿责任，对所造成的经济损失，用人单位负有举证责任。

依据：

1. 《中华人民共和国劳动合同法》第90条

2. 《北京市高级人民法院、北京市劳动争议仲裁委员会关于劳动争议案件法律适用问题研讨会会议纪要（二）》四、40

0236 劳动者没有办理工作交接，给用人单位造成损失的，是否应当承担赔偿责任？

答：给用人单位造成直接经济损失的，应当承担相应的赔偿责任，对所造成的经济损失，用人单位负有举证责任。

依据：

1. 《中华人民共和国劳动合同法》第90条

2. 《北京市高级人民法院、北京市劳动争议仲裁委员会关于劳动争议案件法律适用问题研讨会会议纪要（二）》四、40

0237 未达到法定退休年龄的内退人员在退休之前与新用人单位建立用工关系，对于新用人单位因客观原因不能为其缴纳社会保险，劳动者以此为由提出解除劳动合同并要求经济补偿金的，是否应当予以支持？

答：对于新用人单位因客观原因不能为其缴纳社会保险，不予支持。

依据：《北京市高级人民法院、北京市劳动争议仲裁委员会关于劳动争议案件法律适用问题研讨会会议纪要（二）》二、13

0238 停薪留职人员在退休之前与新用人单位建立用工关系，对于新用人单位因客观原因不能为其缴纳社会保险，劳动者以此为由提出解除劳动合同并要求经济补偿金的，是否应当予以支持？

答：不予支持。

依据：《北京市高级人民法院、北京市劳动争议仲裁委员会关于劳动争议案件法律适用问题研讨会会议纪要（二）》二、13

0239 下岗待岗人员在退休之前与新用人单位建立用工关系，对于新用人单位因客观原因不能为其缴纳社会保险，劳动者以此为由提出解除劳动合同并要求经济补偿金的，是否应当予以支持？

答：不予支持。

依据：《北京市高级人民法院、北京市劳动争议仲裁委员会关于劳动争议案件法律适用问题研讨会会议纪要（二）》二、13

0240 企业经营性停产放长假人员在退休之前与新用人单位建立用工关系，对于新用人单位因客观原因不能为其缴纳社会保险，劳动者以此为由提出解除劳动合同并要求经济补偿金的，是否应当予以支持？

答：不予支持。

依据：《北京市高级人民法院、北京市劳动争议仲裁委员会关于劳动争议案件法律适用问题研讨会会议纪要（二）》二、13

0241 被派遣劳动者因被用工单位依法退回劳务派遣单位，劳务派遣单位可否与被派遣劳动者解除劳动关系？

答：被派遣劳动者有《中华人民共和国劳动合同法》第 39 条和

第 40 条第 1 项、第 2 项规定情形的，用工单位可以将劳动者退回劳务派遣单位，劳务派遣单位依照《中华人民共和国劳动合同法》有关规定，可以与劳动者解除劳动合同。

依据：《中华人民共和国劳动合同法》第 65 条第 2 款

0242 被派遣劳动者被退回劳务派遣单位，劳务派遣单位重新派遣时维持或者提高劳动合同约定条件，但被派遣劳动者不同意的，劳务派遣单位是否可以解除劳动合同？

答：可以解除，但应当向被派遣者支付解除劳动合同的经济补偿金。

依据：《劳务派遣暂行规定》第 15 条、第 17 条

0243 被派遣劳动者被退回，劳务派遣单位重新派遣时降低劳动合同约定条件，但被派遣劳动者不同意的，劳务派遣单位是否可以提出解除劳动合同？

答：不得解除，但被派遣劳动者提出解除劳动合同时可以解除。

依据：《劳务派遣暂行规定》第 15 条

0244 劳务派遣单位违法解除或者终止劳动合同的，被派遣劳动者是否可以要求继续履行劳动合同？

答：可以。劳动者要求继续履行劳动合同的，用人单位应当继续履行。劳动者不要求继续履行劳动合同或者劳动合同已经不能继续履行的，用人单位应当依照《中华人民共和国劳动合同法》第 87 条规定支付赔偿金。

依据：

1. 《中华人民共和国劳动合同法实施条例》第 32 条

2. 《中华人民共和国劳动合同法》第 48 条

0245 被派遣劳动者提出解除劳动合同，是否需要提前通知劳务派遣单位？

答：需要。被派遣劳动者应当提前 30 日以书面形式通知劳务派遣单位，可以解除劳动合同。被派遣劳动者在试用期内应当提前 3 日通知劳务派遣单位，可以解除劳动合同。

依据：《劳务派遣暂行规定》第 14 条

0246 劳务派遣单位被依法宣告破产、吊销营业执照、责令关闭、撤销、决定提前解散或者经营期限届满不再继续经营的，应当如何处理？

答：劳动合同应当终止，用工单位应当与劳务派遣单位协商妥善安置被派遣劳动者。劳务派遣单位与被派遣劳动者解除或者终止劳动合同的，应当依法向被派遣劳动者支付经济补偿金。

依据：《劳务派遣暂行规定》第 16 条、第 17 条

0247 非全日制用工，用人单位是否可以随时终止用工？

答：非全日制用工双方当事人任何一方都可以随时通知对方终止用工。

依据：《中华人民共和国劳动合同法》第 71 条

0248 非全日制用工，用人单位终止用工，是否应当向劳动者支付经济补偿金？

答：用人单位无需向劳动者支付经济补偿金。

依据：《中华人民共和国劳动合同法》第 71 条

0249 工伤劳动者在停工留薪期内或者尚未作出劳动能力鉴定结论之前，用人单位可以解除或者终止劳动合同吗？

答：工伤劳动者在停工留薪期内或者尚未作出劳动能力鉴定结论的，用人单位不得与之解除或者终止劳动合同。

依据：《北京市工伤职工停工留薪期管理办法》第 12 条

0250 在什么情形下，用人单位必须与工伤劳动者保留劳动关系？

答：劳动者因工致残被鉴定为一级至四级伤残的，保留劳动关系，退出工作岗位，依法享受工伤保险待遇。

劳动者因工致残被鉴定为五级、六级伤残的，保留与用人单位的劳动关系，由用人单位安排适当工作，依法享受工伤保险待遇。经工伤劳动者本人提出，该劳动者可以与用人单位解除或者终止劳动关系，由工伤保险基金支付一次性工伤医疗补助金，由用人单位支付一次性伤残就业补助金。

依据：《工伤保险条例》第 35 条、第 36 条

0251 在什么情形下，用人单位可以与工伤劳动者解除劳动关系？

答：劳动者因工致残被鉴定为五级、六级伤残的，保留与用人单位的劳动关系，由用人单位安排适当工作，依法享受工伤保险待遇。经工伤劳动者本人提出，该劳动者可以与用人单位解除或者终止劳动关系，由工伤保险基金支付一次性工伤医疗补助金，由用人单位支付一次性伤残就业补助金。

劳动者因工致残被鉴定为七级至十级伤残的，劳动合同期满终止，或者劳动者本人提出解除劳动合同的，由工伤保险基金支付一次性工伤医疗补助金，由用人单位支付一次性伤残就业补助金。

依据：《工伤保险条例》第 36 条、第 37 条

0252 在什么情形下，劳动合同终止？

答：有下列情形之一的，劳动合同终止：

1. 劳动合同期满的；

2. 劳动者开始依法享受基本养老保险待遇的或劳动者达到法定退休年龄的；

3. 劳动者死亡，或者被人民法院宣告死亡或者宣告失踪的；

4. 用人单位被依法宣告破产的；

5. 用人单位被吊销营业执照、责令关闭、撤销或者用人单位决定提前解散的；

6. 法律、行政法规规定的其他情形。

依据：

1. 《中华人民共和国劳动合同法》第 44 条

2. 《中华人民共和国劳动合同法实施条例》第 21 条

0253 用人单位未提前 30 日通知劳动者劳动合同到期终止，劳动者要求用人单位按照《中华人民共和国劳动合同法》第 87 条规定支付赔偿金，是否应当支持？

答：不予支持。

依据：

1. 《北京市高级人民法院、北京市劳动争议仲裁委员会关于劳

动争议案件法律适用问题研讨会会议纪要》六、29

2.《中华人民共和国劳动合同法》第 87 条

0254 劳动合同期限届满，用人单位是否需要提前将终止或者续订劳动合同意向以书面形式通知劳动者？

答：各地情况不同，北京地区需要提前 30 日以书面形式通知劳动者。

依据：《北京市劳动合同规定》第 40 条

0255 用人单位未提前 30 日通知劳动者劳动合同到期终止，劳动者要求用人单位按照《北京市劳动合同规定》第 40 条规定，每延迟 1 日支付 1 日工资赔偿金的，是否应当支持？

答：各地情况不同，北京地区予以支持。

依据：《北京市劳动合同规定》第 40、47 条

0256 劳动合同因用人单位被依法宣告破产终止时，用人单位是否应当向劳动者支付经济补偿金？

答：用人单位应当向劳动者支付终止劳动合同的经济补偿金。

依据：《中华人民共和国劳动合同法》第 44 条第 4 项、第 46 条第 6 项

0257 用人单位破产、终止或者解散的，如何支付劳动者工资和社会保险费？

答：经依法清算后的财产应当按照有关法律、法规、规章的规定优先用于支付欠付的劳动者工资和社会保险费。

依据：《北京市工资支付规定》第 28 条

0258 劳动合同期满，但用人单位与劳动者就专业技术培训约定的服务期尚未到期的，应当如何处理？

答：劳动合同应当续延至服务期满，双方另有约定的，从其约定。

依据：《中华人民共和国劳动合同法实施条例》第 17 条

0259 在什么情形下，劳动合同期满应当续延至相应的情形消失时终止？

答：劳动合同期满，有下列情形之一的，劳动合同应当续延至

相应的情形消失时终止，但下列情况下劳动合同的终止应当按照国家有关工伤保险的规定执行：

1. 从事接触职业病危害作业的劳动者未进行离岗前职业健康检查，或者疑似职业病病人在诊断或者医学观察期间的；

2. 在本单位患职业病或者因工负伤并被确认丧失或者部分丧失劳动能力的；

3. 患病或者非因工负伤，在规定的医疗期内的；

4. 女职工在孕期、产期、哺乳期的；

5. 在本单位连续工作满 15 年，且距法定退休年龄不足 5 年的；

6. 法律、行政法规规定的其他情形。

依据：《中华人民共和国劳动合同法》第 42 条、第 45 条

0260 劳动合同期满后，劳动者仍在原用人单位工作，应当如何处理？

答：劳动合同期满后，劳动者仍在原用人单位工作，原用人单位未表示异议的，视为双方同意以原条件继续履行劳动合同。一方提出终止劳动关系的，人民法院应当支持。根据《中华人民共和国劳动法》第 14 条规定，用人单位应当与劳动者签订无固定期限劳动合同而未签订的，人民法院可以视为双方之间存在无固定期限劳动合同关系，并以原劳动合同确定双方的权利义务关系。

依据：《最高人民法院关于审理劳动争议案件适用法律问题的解释（一）》第 34 条

0261 劳动合同期满后未订立劳动合同，劳动者仍在原用人单位继续工作，用人单位是否应当向劳动者支付 2 倍工资？

答：各地情况不同，北京地区应支付。在此情况下，因为用人单位对原劳动合同期满和继续用工的法律后果均有预期，因此不需要再给予 1 个月的宽限期，原劳动合同期满次日，即是用人单位应当订立劳动合同之日和承担未订立劳动合同的法律后果之日。

依据：《北京市高级人民法院、北京市劳动争议仲裁委员会关于劳动争议案件法律适用问题研讨会会议纪要（二）》三、27

0262 劳动合同期满，用人单位降低劳动合同约定条件续订劳动合同，劳动者不同意续订，用人单位是否应当向劳动者支付经济补偿金？

答：用人单位应当向劳动者支付终止劳动合同的经济补偿金。

依据：《中华人民共和国劳动合同法》第 46 条第 5 项

0263 劳动合同期满，用人单位维持或者提高劳动合同约定条件续订劳动合同，但劳动者不同意续订的，用人单位是否应当向劳动者支付经济补偿金？

答：用人单位无需向劳动者支付终止劳动合同的经济补偿金。

依据：《中华人民共和国劳动合同法》第 46 条第 5 项

0264 除法定的劳动合同终止情形外，用人单位与劳动者是否可以约定其他的劳动合同终止条件？

答：不可以。

依据：《中华人民共和国劳动合同法实施条例》第 13 条

0265 以完成一定工作任务为期限的劳动合同因任务完成而终止，用人单位是否应当向劳动者支付经济补偿金？

答：用人单位应当向劳动者支付终止劳动合同的经济补偿金。

依据：《中华人民共和国劳动合同法实施条例》第 22 条

0266 出租车公司与司机签订的劳动合同期满后，出租车公司对车辆进行更新，承包金在北京市政府规定的标准内作相应调整的，劳动者不同意续订劳动合同，并以用人单位降低劳动合同条件为由，要求用人单位支付终止劳动合同经济补偿金的，应当如何处理？

答：应当视为出租车公司维持原劳动合同约定的条件与劳动者续订劳动合同，劳动者不同意续订的，不应支付其终止劳动合同经济补偿金。

依据：《北京市高级人民法院、北京市劳动争议仲裁委员会关于劳动争议案件法律适用问题研讨会会议纪要（二）》四、43

0267　二次固定期限劳动合同到期后，用人单位终止劳动合同，劳动者主张用人单位支付违法终止劳动合同的赔偿金，是否应当予以支持？

答：劳动者不具有《中华人民共和国劳动合同法》第39条和第40条第1项、第2项规定情形，用人单位在二次固定期限劳动合同到期后终止劳动合同，应认定为违法终止劳动合同。

依据：

1. 《中华人民共和国劳动合同法》第39条、第40条第1项、第2项

2. 《北京市高级人民法院、北京市劳动人事争议仲裁委员会关于审理劳动争议案件法律适用问题的解答》16

0268　用人单位与劳动者连续订立二次固定期限劳动合同的，第二次固定期限劳动合同到期时，用人单位是否可以终止劳动合同？

答：根据《中华人民共和国劳动合同法》第14条第2款第3项规定，劳动者有权选择订立固定期限劳动合同或者终止劳动合同，用人单位无权选择订立固定期限劳动合同或者终止劳动合同。上述情形下，劳动者提出或者同意续订、订立无固定期限劳动合同，用人单位应当与劳动者订立无固定期限劳动合同。

依据：

1. 《中华人民共和国劳动合同法》第14条第2款第3项

2. 《北京市高级人民法院、北京市劳动争议仲裁委员会关于劳动争议案件法律适用问题研讨会会议纪要（二）》三、34

0269　用人单位与劳动者连续订立二次固定期限劳动合同后，劳动者与用人单位再次订立固定期限劳动合同的，最后一次固定期限劳动合同到期时，用人单位是否可以终止劳动合同？

答：在用人单位与劳动者连续订立二次固定期限劳动合同后，劳动者与用人单位再次订立固定期限劳动合同的，适用《中华人民共和国劳动合同法》第14条规定。在最后一次固定期限劳动合同到期时，应认定符合连续订立二次固定期限劳动合同的条件，排除法定情形外，劳动者提出或者同意续订、订立无固定期限劳动合同，

用人单位应当与劳动者订立无固定期限劳动合同。

依据：《北京市高级人民法院、北京市劳动争议仲裁委员会关于劳动争议案件法律适用问题研讨会会议纪要（二）》三、35

0270 劳动合同的解除是否涉及已经履行的部分？

答：劳动合同的解除，只对未履行的部分发生效力，不涉及已履行的部分。

依据：《劳动部关于贯彻执行〈中华人民共和国劳动法〉若干问题的意见》二、（四）、26

0271 劳动者擅自离职，应当如何处理？

答：劳动者擅自离职，给用人单位造成经济损失的，劳动者应当依法承担赔偿责任。

依据：《劳动部关于贯彻执行〈中华人民共和国劳动法〉若干问题的意见》二、（四）、33

0272 劳动者在医疗期、孕期、产期和哺乳期内劳动合同期限届满时，用人单位在什么情形下可以终止劳动合同？

答：劳动者存在以下情形的，用人单位可以依法终止劳动合同：

1. 在试用期间被证明不符合录用条件的；

2. 严重违反劳动纪律或者用人单位规章制度的；

3. 严重失职，营私舞弊，对用人单位利益造成重大损害的；

4. 被依法追究刑事责任的。

依据：

1.《中华人民共和国劳动法》第25条

2.《劳动部关于贯彻执行〈中华人民共和国劳动法〉若干问题的意见》二、（四）、34

0273 用人单位与劳动者解除约定服务期的劳动合同，在哪些情形下，劳动者应当向用人单位支付违约金？

答：具有下列情形之一的，劳动者应当向用人单位支付违约金：

1. 劳动者严重违反用人单位的规章制度的；

2. 劳动者严重失职，营私舞弊，给用人单位造成重大损害的；

3. 劳动者同时与其他用人单位建立劳动关系，对完成本单位的工作任务造成严重影响，或者经用人单位提出，拒不改正的；

4. 劳动者以欺诈、胁迫的手段或者乘人之危，使用人单位在违背真实意思的情况下订立或者变更劳动合同的；

5. 劳动者被依法追究刑事责任的。

依据：《中华人民共和国劳动合同法实施条例》第 26 条第 2 款

0274 用人单位对劳动者作出的开除、除名、辞退等处理，或者因其他原因解除劳动合同确有错误的，应当如何处理？

答： 劳动者可以向人民法院起诉请求判决撤销。

依据：《最高人民法院关于审理劳动争议案件适用法律问题的解释（一）》第 53 条第 1 款

0275 用人单位单方解除劳动合同未事先将理由通知工会的，是否可以在事后补正通知工会的程序？

答： 在起诉前，用人单位可以补正通知工会的有关程序。

依据：《最高人民法院关于审理劳动争议案件适用法律问题的解释（一）》第 47 条

0276 员工被行政拘留，用人单位的规章制度对此无规定，可以解除劳动合同吗？

答： 不可以。行政拘留不同于被依法追究刑事责任，用人单位在规章制度对此无规定的情况下，不能解除与员工的劳动合同。

依据：《中华人民共和国劳动合同法》第 39 条第 6 项

0277 用人单位因劳动者开始依法享受基本养老保险待遇而终止劳动合同的，是否需要向劳动者支付经济补偿金？

答： 不需要。

依据：《中华人民共和国劳动合同法》第 40 条、第 46 条

0278 基层工会专职主席、副主席或者委员签订的劳动合同期限如何延长？

答： 基层工会专职主席、副主席或者委员自任职之日起，其劳动合同期限自动延长，延长期限相当于其任职期间。但是，任职期间个人有严重过失或者达到法定退休年龄的除外。

依据：《中华人民共和国工会法》第 18 条

0279 ▷ 非专职主席、副主席或者委员签订的劳动合同期限如何延长？

答：非专职主席、副主席或者委员自任职之日起，其尚未履行的劳动合同期限短于任期的，劳动合同期限自动延长至任期期满。但是，任职期间个人有严重过失或者达到法定退休年龄的除外。

依据：《中华人民共和国工会法》第 18 条

0280 劳动者的工资总额包括哪些项目？

答：工资总额包括：计时工资、计件工资、奖金、津贴和补贴、加班加点工资、特殊情况下支付的工资等。

依据：《国家统计局关于工资总额组成的规定》第 4 条

0281 劳动者的工资总额不包括哪些项目？

答：下列各项不计入工资总额的范围：

1. 根据国务院发布的有关规定颁发的发明创造奖、自然科学奖、科学技术进步奖和支付的合理化建议和技术改进奖以及支付给运动员、教练员的奖金；

2. 有关劳动保险和职工福利方面的各项费用；

3. 有关离休、退休、退职人员待遇的各项支出；

4. 劳动保护的各项支出；

5. 稿费、讲课费及其他专门工作报酬；

6. 出差伙食补助费、误餐补助、调动工作的旅费和安家费；

7. 对自带工具、牲畜来企业工作职工所支付的工具、牲畜等的补偿费用；

8. 实行租赁经营单位的承租人的风险性补偿收入；

9. 对购买本企业股票和债券的职工所支付的股息（包括股金分红）和利息；

10. 劳动合同制职工解除劳动合同时由企业支付的医疗补助费、生活补助费等；

11. 因录用临时工而在工资以外向提供劳动力单位支付的手续费或管理费；

12. 支付给家庭工人的加工费和按加工订货办法支付给承包单位的发包费用；

13. 支付给参加企业劳动的在校学生的补贴；

14. 计划生育独生子女补贴。

依据：《国家统计局关于工资总额组成的规定》第 11 条

0282 工资支付主要包括哪些内容？

答：工资支付主要包括：工资支付项目、工资支付水平、工资支付形式、工资支付对象、工资支付时间以及特殊情况下的工资支付。

依据：《工资支付暂行规定》第 4 条

0283 用人单位支付劳动者工资的发放记录应当保存多长时间？

答：2 年以上备查。

依据：《工资支付暂行规定》第 6 条第 3 款

0284 非全日制用工的工资标准是否有最低限制？

答：非全日制用工小时计酬标准不得低于用人单位所在地人民政府规定的最低小时工资标准。

依据：《中华人民共和国劳动合同法》第 72 条第 1 款

0285 非全日制用工劳动报酬的结算支付周期为多长时间？

答：最长不得超过 15 日。

依据：《中华人民共和国劳动合同法》第 72 条第 2 款

0286 劳动者在试用期内的工资标准应当如何确定？

答：劳动者在试用期的工资不得低于本单位相同岗位最低档工资的 80% 或者不得低于劳动合同约定工资的 80%，并且不得低于用人单位所在地的最低工资标准。

依据：

1. 《中华人民共和国劳动合同法》第 20 条

2. 《中华人民共和国劳动合同法实施条例》第 15 条

0287 工资标准应当如何确定？

答：用人单位与劳动者应当在劳动合同中约定工资标准；工资标准可以根据劳动者所在岗位或者所从事的工作确定。

依据：《北京市工资支付规定》第7条第1款

0288 用人单位的工资支付记录表应当主要包括哪些内容？

答：应当主要包括用人单位名称、劳动者姓名、支付时间以及支付项目和金额、加班工资金额、应发金额、扣除项目和金额、实发金额等事项。

依据：《北京市工资支付规定》第13条第1款

0289 用人单位支付劳动者的工资是否仅指基本工资？

答：不是。是指用人单位依据劳动合同的规定，以各种形式支付给劳动者的工资报酬。

依据：《工资支付暂行规定》第3条

0290 用人单位是否可以实物及有价证券等方式支付劳动者工资？

答：不可以。工资应当以法定货币支付，不得以实物及有价证券替代货币支付。

依据：《工资支付暂行规定》第5条

0291 用人单位支付劳动者的劳动分红（即年终奖）是否属于劳动报酬？

答：属于劳动报酬。

依据：

1.《国家统计局关于工资总额组成的规定》第7条

2.《国家统计局〈关于工资总额组成的规定〉若干具体范围的解释》二

0292 劳动者的工资可以由他人代领吗？

答：可以。用人单位应将工资支付给劳动者本人。劳动者本人因故不能领取工资时，可由其亲属或委托他人代领。

依据：《工资支付暂行规定》第6条第1款

0293 用人单位应当在何时支付劳动者工资？

答：用人单位应当在与劳动者约定的日期支付工资。如遇节假日或休息日，则应提前在最近的工作日支付。工资至少每月支付1次，实行周、日、小时工资制的可按周、日、小时支付工资。

对于完成一次性临时劳动或某项具体工作的劳动者，用人单位应当按照合同约定在完成劳动任务后立即支付工资。

依据：《工资支付暂行规定》第7条、第8条

0294 劳动者与用人单位终止或解除劳动合同的，劳动者的工资应当在何时结清？

答：劳动者的工资应当在解除或终止劳动合同时一次付清。

依据：《工资支付暂行规定》第9条

0295 用人单位在支付工资时，是否应当向劳动者提供其个人的工资单？

答：应当提供。

依据：《工资支付暂行规定》第6条第3款

0296 用人单位与劳动者约定实行年薪，是否可以在年终一次性发放全额工资？

答：不可以。劳动者的工资应当至少每月支付1次。

依据：《工资支付暂行规定》第7条

0297 依法解除或者终止劳动合同时，用人单位是否可以分期支付劳动者剩余工资？

答：不可以。劳动关系双方依法解除或终止劳动合同时，用人单位应在解除或终止劳动合同时一次付清劳动者工资。

依据：《工资支付暂行规定》第8条、第9条

0298 劳动者参加社会活动期间，用人单位是否应当支付劳动者工资？

答：劳动者在法定工作时间内依法参加以下社会活动期间，用人单位应视同其提供了正常劳动而支付工资：

1. 依法行使选举权或被选举权；

2. 当选代表出席乡（镇）、区以上政府、党派、工会、青年团、妇女联合会等组织召开的会议；

3. 出任人民法庭证明人；

4. 出席劳动模范、先进工作者大会；

5.《中华人民共和国工会法》规定的不脱产工会基层委员会委员因工会活动占用的生产或工作时间；

6. 其他依法参加的社会活动。

依据：《工资支付暂行规定》第 10 条

0299 劳动者在休年休假、探亲假、婚假、丧假期间，用人单位是否应当支付劳动者工资？

答：应当支付工资。劳动者依法享受年休假、探亲假、婚假、丧假期间，用人单位应按劳动合同规定的标准支付劳动者工资。

依据：《工资支付暂行规定》第 11 条

0300 劳动者请事假期间，用人单位是否应当支付劳动者工资？

答：不应支付工资。用人单位因劳动者请事假可以相应减发工资。

依据：《对〈工资支付暂行规定〉有关问题的补充规定》三

0301 用人单位在停工、停业期间，是否应当支付劳动者工资？

答：非因劳动者本人原因造成用人单位停工、停业的，在一个工资支付周期内，用人单位应当按照提供正常劳动支付劳动者工资。超过一个工资支付周期的，可以根据劳动者提供的劳动，按照双方新约定的标准支付工资，但不得低于北京市最低工资标准。用人单位没有安排劳动者工作的，应当按照不低于北京市最低工资标准的 70% 支付劳动者基本生活费。国家或者本市另有规定的从其规定。

依据：

1.《工资支付暂行规定》第 12 条

2.《北京市工资支付规定》第 27 条

0302 用人单位依法破产时，应当如何支付劳动者工资？

答：在破产清偿中，破产单位应按《中华人民共和国企业破产法》规定的清偿顺序，在破产财产优先清偿破产费用和共益债务后，清偿破产单位所欠职工的工资。

依据：

1. 《工资支付暂行规定》第 14 条

2. 《中华人民共和国企业破产法》第 113 条第 1 款第 1 项

0303 用人单位是否可以劳动者迟到或者早退等理由扣发劳动者工资？

答：不可以。

依据：《工资支付暂行规定》第 15 条

0304 在北京市，因劳动者本人原因给用人单位造成经济损失的，是否可以扣除劳动者的工资？

答：可以扣除，但扣除后的余额不得低于北京市最低工资标准。

依据：《北京市工资支付规定》第 11 条第 3 款

0305 用人单位制定本单位的工资支付制度，是否应当征求工会或者职工代表的意见？

答：需要。用人单位应当依法制定本单位的工资支付制度。制定工资支付制度应当征求工会或者职工代表的意见，并向本单位的全体劳动者公布。

依据：《北京市工资支付规定》第 6 条第 1 款

0306 女职工休产前假期间，用人单位是否应当支付女职工工资？

答：用人单位应当支付女职工工资。

依据：《女职工劳动保护特别规定》第 7 条

0307 女职工请假做产前检查，用人单位是否应当支付女职工工资？

答：怀孕女职工在劳动时间内进行产前检查，所需时间计入劳动时间。用人单位应当支付女职工工资。

依据：《女职工劳动保护特别规定》第 6 条第 3 款

0308 劳动者因产前检查和哺乳依法休假的，应当如何支付工资？

答：用人单位应当视同劳动者正常劳动支付工资。

依据：《北京市工资支付规定》第 23 条第 2 款

0309 用人单位是否可以减发劳动者的绩效工资？

答：企业工资总额与经济效益相联系，经济效益下浮时，工资必须下浮的，用人单位可以减发劳动者的绩效工资，但用人单位支付给劳动者的工资不得低于当地最低工资标准。

依据：《对〈工资支付暂行规定〉有关问题的补充规定》三

0310 劳动者请病假期间，用人单位是否应当支付劳动者工资？

答：劳动者患病或者非因工负伤的，在病休期间，用人单位应当根据劳动合同或集体合同的约定支付病假工资。用人单位支付病假工资不得低于北京市最低工资标准的 80%。

依据：《北京市工资支付规定》第 21 条

0311 女职工休产假期间，用人单位是否应当支付女职工工资？

答：女职工产假期间的生育津贴，对已经参加生育保险的，按照用人单位上年度职工月平均工资的标准由生育保险基金支付。对未参加生育保险的，按照女职工产假前工资的标准由用人单位支付。

依据：《女职工劳动保护特别规定》第 8 条第 1 款

0312 在法定休假日和婚丧假期间以及依法参加社会活动期间，用人单位是否应当支付劳动者工资？

答：用人单位应当依法支付劳动者工资。

依据：《中华人民共和国劳动法》第 51 条

0313 劳动者在工作时间内依法参加社会活动，或者担任集体协商代表履行代表职责、参加集体协商活动期间，应当如何支付工资？

答：用人单位应当视同劳动者正常劳动支付工资。

依据：《北京市工资支付规定》第 24 条

0314 在休婚丧假和路程假期间，用人单位是否应当支付劳动者工资？

答：在批准的婚丧假和路程假期间，劳动者的工资用人单位应照发。

依据：《国家劳动总局、财政部关于国营企业职工请婚丧假和路程假问题的通知》三

0315 在休探亲假及路程假期间，用人单位应当如何支付劳动者工资？

答：在规定的探亲假期和路程假期内，用人单位应当按照劳动者本人的标准工资支付劳动者工资。

依据：《国务院关于职工探亲待遇的规定》第 5 条

0316 劳动者患病或者非因工负伤治疗期间，用人单位如何发放劳动者工资？

答：用人单位应按规定支付劳动者病假工资或者疾病救济费，病假工资或者疾病救济费可以低于当地最低工资标准支付，但不能低于最低工资标准的 80%。

依据：《劳动部关于贯彻执行〈中华人民共和国劳动法〉若干问题的意见》三、（一）、59

0317 女职工因流产休产假，用人单位是否应当支付工资？

答：女职工怀孕未满 4 个月流产的，享受 15 天产假。怀孕满 4 个月流产的，享受 42 天产假。产假期间，女职工的工资用人单位应照发。

依据：《女职工劳动保护特别规定》第 7 条第 2 款

0318 "无故拖欠"工资是指什么情形？

答："无故拖欠"工资系指用人单位无正当理由超过规定付薪时间未支付劳动者工资。

依据：《对〈工资支付暂行规定〉有关问题的补充规定》四

0319 "无故拖欠"工资不包括哪些情形？

答："无故拖欠"工资不包括：

1. 用人单位遇到非人力所能抗拒的自然灾害、战争等原因、无法按时支付工资；

2. 用人单位确因生产经营困难、资金周转受到影响，在征得本单位工会同意后，可暂时延期支付劳动者工资，延期时间的最长限制可由各省、自治区、直辖市劳动行政部门根据各地情况确定。

依据：《对〈工资支付暂行规定〉有关问题的补充规定》四

0320 "克扣"工资是指什么情形？

答："克扣"工资系指用人单位无正当理由扣减劳动者应得工资（即在劳动者已提供正常劳动的前提下，用人单位按劳动合同规定的标准应当支付给劳动者的全部劳动报酬）。

依据：《对〈工资支付暂行规定〉有关问题的补充规定》三

0321 "克扣"工资不包括哪些情形？

答："克扣"工资不包括以下减发工资的情况：

1. 国家的法律、法规中有明确规定的；

2. 依法签订的劳动合同中有明确规定的；

3. 用人单位依法制定并经职代会批准的厂规、厂纪中有明确规定的；

4. 企业工资总额与经济效益相联系，经济效益下浮时，工资必须下浮的（但支付给劳动者工资不得低于当地的最低工资标准）；

5. 因劳动者请事假等相应减发工资等。

依据：《对〈工资支付暂行规定〉有关问题的补充规定》三

0322 劳动者受行政或者刑事处分后，用人单位是否应当支付劳动者工资？

答： 劳动者受行政处分后仍在原单位工作（如留用察看、降级等）或受刑事处分后重新就业的，应主要由用人单位根据具体情况自主确定其工资报酬。

劳动者受刑事处分期间，如收容审查、拘留（羁押）、缓刑、监外执行或劳动教养期间，其待遇按国家有关规定执行。

依据：《对〈工资支付暂行规定〉有关问题的补充规定》五、1

0323 学徒工、熟练工、大中专毕业生在学徒期、熟练期、见习期、试用期及转正定级后的工资待遇，应当如何确定？

答： 应当由用人单位自主确定。

依据：《对〈工资支付暂行规定〉有关问题的补充规定》五、2

0324 新就业复员军人及分配到企业的军队转业干部的工资待遇，应当如何确定？

答： 新就业复员军人的工资待遇应当由用人单位自主确定；分配到企业的军队转业干部的工资待遇，按国家有关规定执行。

依据：《对〈工资支付暂行规定〉有关问题的补充规定》五、3

0325 在什么情形下，用人单位可以代扣劳动者工资？

答： 有下列情况之一的，用人单位可以代扣劳动者工资：

1. 用人单位代扣代缴的个人所得税；

2. 用人单位代扣代缴的应由劳动者个人负担的各项社会保险费用；

3. 法院判决、裁定中要求代扣的抚养费、赡养费；

4. 法律、法规规定可以从劳动者工资中扣除的其他费用。

依据：《工资支付暂行规定》第15条

0326 农民工工资支付保障工作，应当由哪些单位负责处理？

答： 县级以上地方人民政府对本行政区域内保障农民工工资支付工作负责，建立保障农民工工资支付工作协调机制，加强监管能力建设，健全保障农民工工资支付工作目标责任制，并纳入对本级人民政府有关部门和下级人民政府进行考核和监督的内容。乡镇人民政府、街道办事处应当加强对拖欠农民工工资矛盾的排查和调处工作，防范和化解矛盾，及时调解纠纷。

依据:《保障农民工工资支付条例》第 4 条

0327 农民工的工资，应当以什么形式支付？

答: 应当以货币形式支付，通过银行转账或者现金支付给农民工本人，不得以实物或者有价证券等其他形式替代。

依据:《保障农民工工资支付条例》第 11 条

0328 应当如何确定农民工工资的支付周期？

答: 用人单位应当按照与农民工书面约定或者依法制定的规章制度规定的工资支付周期和具体支付日期足额支付工资。

依据:《保障农民工工资支付条例》第 12 条

0329 劳务派遣单位支付被派遣劳动者劳动报酬的周期为多长时间？

答: 劳务派遣单位应当按月支付被派遣劳动者劳动报酬。

依据:《中华人民共和国劳动合同法》第 58 条第 2 款

0330 被派遣劳动者在无工作期间，劳务派遣单位是否应当支付被派遣者劳动报酬？

答: 劳务派遣单位应当按照所在地人民政府规定的最低工资标准按月支付被派遣劳动者劳动报酬。

依据:《中华人民共和国劳动合同法》第 58 条第 2 款

0331 非全日制用工，应当如何确定劳动报酬？

答: 非全日制用工以小时计酬为主。

依据:《中华人民共和国劳动合同法》第 68 条

0332 非全日制用工，劳动报酬结算周期为多长？

答: 非全日制用工劳动报酬结算支付周期最长不得超过 15 日。

依据:《中华人民共和国劳动合同法》第 72 条第 2 款

0333 劳动者是否可以要求同工同酬？

答: 工资分配应当遵循按劳分配原则，实行同工同酬。

依据:《中华人民共和国劳动法》第 46 条第 1 款

0334 用人单位是否可以在劳动合同中约定劳动者在未完成劳动定额的情况下，可以低于最低工资标准支付劳动者工资？

答：不可以，该约定不具有法律效力。

依据：《劳动部关于贯彻执行〈中华人民共和国劳动法〉若干问题的意见》三、（一）、56

0335 实行综合计算工时工作制的劳动者在周休息日工作，是否可以要求用人单位支付加班工资？

答：不可以。实行综合计算工时工作制的劳动者，工作日正好是周休息日的，属于正常工作，用人单位不支付加班工资。

依据：《劳动部关于贯彻执行〈中华人民共和国劳动法〉若干问题的意见》三、（二）、62

0336 实行综合计算工时工作制的劳动者在法定节假日工作，是否可以要求用人单位支付加班工资？

答：可以。实行综合计算工时工作制的劳动者，工作日正好是法定节假日时，用人单位应当支付劳动者不低于工资的300%的加班工资。

依据：《劳动部关于贯彻执行〈中华人民共和国劳动法〉若干问题的意见》三、（二）、62

0337 用人单位拖欠或者未足额支付劳动报酬的，劳动者是否可以依法向人民法院申请支付令？

答：可以。用人单位拖欠或者未足额支付劳动报酬的，劳动者可以依法向当地人民法院申请支付令，人民法院应当依法发出支付令。

依据：《中华人民共和国劳动合同法》第30条第2款

社会保险与福利待遇 第六章 CHAPTER 6

0338 用人单位是否应当为劳动者缴纳补充医疗保险？

答：国家鼓励用人单位根据本单位实际情况为劳动者建立补充保险，并非强制性规定。

依据：《中华人民共和国劳动法》第 75 条第 1 款

0339 国家规定的基本养老保险应当如何缴纳？

答：劳动者应当参加基本养老保险，由用人单位和劳动者共同缴纳基本养老保险费。

无雇工的个体工商户、未在用人单位参加基本养老保险的非全日制从业人员以及其他灵活就业人员可以参加基本养老保险，由个人缴纳基本养老保险费。

依据：《中华人民共和国社会保险法》第 10 条第 1、2 款

0340 社会保险类型是指哪些项目？

答：是指需建立基金的养老、医疗、工伤、失业、生育五种社会保险。

依据：

1.《中华人民共和国社会保险法》第 2 条

2.《关于〈劳动法〉若干条文的说明》第 72 条

0341 劳动者是否可以不缴纳社会保险费？

答：不可以。用人单位和劳动者必须依法参加社会保险，缴纳社会保险费。

依据：

1.《中华人民共和国劳动法》第 72 条

2.《中华人民共和国社会保险法》第 4 条第 1 款

0342 哪些社会保险费由用人单位和劳动者共同缴纳？

答：用人单位和劳动者按照国家规定共同缴纳基本养老保险费、基本医疗保险费、失业保险费。

依据：《中华人民共和国社会保险法》第 10 条、第 23 条、第 44 条

0343 哪些社会保险费由用人单位缴纳，劳动者不缴纳？

答：用人单位按照国家规定缴纳工伤保险费、生育保险费，劳动者不缴纳。

依据：《中华人民共和国社会保险法》第 33 条、第 53 条

0344 在什么情形下，劳动者依法享受社会保险待遇？

答：劳动者在下列情形下，依法享受社会保险待遇：

1. 退休；

2. 患病、负伤；

3. 因工伤残或者患职业病；

4. 失业；

5. 生育。

劳动者死亡后，其遗属依法享受遗属津贴。

依据：《中华人民共和国劳动法》第 73 条第 1、2 款

0345 用人单位与劳动者约定不缴纳社会保险费，而将用人单位负担的社会保险费支付劳动者，约定是否有效？

答：约定无效。用人单位负有自行申报按时足额缴纳社会保险费的法定义务，劳动者应当缴纳的社会保险费由用人单位代扣代缴，双方约定不缴纳社会保险费无效。

依据：

1.《中华人民共和国劳动法》第 72 条

2.《北京市高级人民法院、北京市劳动争议仲裁委员会关于劳动争议案件法律适用问题研讨会会议纪要（二）》五、46 第 1 段

0346 劳动者达到退休年龄，是否就可以享受养老保险待遇？

答：劳动者应当参加基本养老保险，达到法定退休年龄时累计缴纳基本养老保险费满 15 年，才能办理退休手续按月领取基本养老金。

依据：《中华人民共和国社会保险法》第 16 条第 2 款

0347 劳动合同解除或者终止后，用人单位应当在多长时间内为劳动者办理档案和社会保险关系转移手续？

答：用人单位应当在解除或者终止劳动合同后 15 日内为劳动者办理档案和社会保险关系转移手续。

依据：《中华人民共和国劳动合同法》第 50 条第 1 款

0348 被派遣劳动者的社会保险费应当如何缴纳？

答：劳务派遣单位应当依法为劳动者缴纳社会保险费，并办理社会保险相关手续。

依据：《劳务派遣暂行规定》第 8 条第 4 项

0349 劳务派遣单位跨地区派遣劳动者的，应当如何为被派遣劳动者缴纳社会保险费？

答：劳务派遣单位跨地区派遣劳动者的，应当在用工单位所在地为被派遣劳动者参加社会保险，按照用工单位所在地的规定缴纳社会保险费，被派遣劳动者按照国家规定享受社会保险待遇。

依据：《劳务派遣暂行规定》第 18 条

0350 劳务派遣单位未在用工单位所在地设立分支机构的，应当如何为被派遣劳动者缴纳社会保险费？

答：应当由用工单位代劳务派遣单位为被派遣劳动者办理参保手续，缴纳社会保险费。

依据：《劳务派遣暂行规定》第 19 条第 2 款

0351 用人单位未给劳动者办理社会保险手续，且社会保险经办机构不能补办导致劳动者无法享受社保待遇的，劳动者是否可以要求用人单位赔偿损失？

答：可以。劳动者要求用人单位赔偿损失而发生争议的，人民法院应予受理。

依据：《最高人民法院关于审理劳动争议案件适用法律问题的解释（一）》第 1 条第 5 项

0352 用人单位未按北京市规定的险种为劳动者建立社会保险关系，劳动者请求解除劳动合同并要求用人单位支付经济补偿金的，经济补偿金支付年限应当从何时开始计算？

答：经济补偿金支付年限应从 2008 年 1 月 1 日起开始计算。

依据：《北京市高级人民法院、北京市劳动争议仲裁委员会关于劳动争议案件法律适用问题研讨会会议纪要》六、31

0353 在北京市，用人单位未为农民工缴纳养老保险费，农民工是否可以要求用人单位赔偿损失？

答：可以。因用人单位未为农民工缴纳养老保险费，农民工在与用人单位解除或终止劳动合同后要求用人单位赔偿损失的，应当自劳动合同解除或终止之日起 1 年内提出，赔偿数额的确定可参照《农民合同制职工参加北京市养老、失业保险暂行办法》和《北京市农民工养老保险暂行办法》的规定。

依据：《北京市高级人民法院、北京市劳动争议仲裁委员会关于劳动争议案件法律适用问题研讨会会议纪要》七、35

0354 用人单位与劳动者约定工资中包括用人单位负担的养老、医疗、失业等社会保险费，而不向社会保险经办机构缴纳社会保险费的，约定是否有效？

答：约定无效。

依据：《北京市高级人民法院、北京市劳动争议仲裁委员会关于劳动争议案件法律适用问题研讨会会议纪要（二）》五、46 第 1 段

0355 用人单位支付劳动者的工资中包含用人单位负担的社会保险费，劳动者要求赔偿时是否可以扣减该笔费用？

答：可以。劳动者主张用人单位未办社会保险损失赔偿的，可以从赔偿额中扣减用人单位支付给劳动者的社会保险费。

依据：《北京市高级人民法院、北京市劳动争议仲裁委员会关于劳动争议案件法律适用问题研讨会会议纪要（二）》五、46 第 2 段

0356 用人单位在 2011 年 7 月 1 日后未为农民工缴纳养老保险的，农民工是否可以要求赔偿损失？

答： 不能。原则上由社会保险经办机构和劳动行政部门依法处理，仲裁委、法院不再判决赔偿损失。

依据：《北京市高级人民法院、北京市劳动争议仲裁委员会关于劳动争议案件法律适用问题研讨会会议纪要（二）》五、47

0357 用人单位以向劳动者支付金钱代替缴纳社会保险的，用人单位在补缴社会保险后是否可以要求劳动者返还已付金钱？

答： 可以。如果用人单位补缴社会保险后劳动者在社会保险方面已不存在损失的，用人单位可以要求劳动者返还因代替缴纳社会保险而支付的金钱。

依据：《北京市高级人民法院、北京市劳动争议仲裁委员会关于劳动争议案件法律适用问题研讨会会议纪要（二）》五、48

0358 超过法定退休年龄的农民工在工作期间发生工伤的，是否可以主张工伤保险待遇赔偿？

答： 可以。超过法定退休年龄的农民工与所在单位属于劳务关系，但其在工作期间发生工伤的，可以主张工伤保险待遇赔偿。

依据：《北京市高级人民法院、北京市劳动争议仲裁委员会关丁劳动争议案件法律适用问题研讨会会议纪要（二）》五、49 第 1、2 段

0359 超过法定退休年龄的农民工受到第三人侵权，是否影响其向用人单位要求工伤保险待遇赔偿？

答： 超过法定退休年龄的农民工受到第三人侵权，第三人侵权赔偿并不影响其向用人单位主张给予工伤保险待遇赔偿。

依据：《北京市高级人民法院、北京市劳动争议仲裁委员会关于劳动争议案件法律适用问题研讨会会议纪要（二）》五、49 第 3 段

0360 用人单位未为劳动者缴纳社会保险费，劳动者通过其他渠道自行缴纳社会保险费后，是否可以要求用人单位支付该费用？

答： 不可以。劳动者通过其他渠道缴纳保险费包括劳动者自行缴纳和在其他用人单位缴纳两种形式，这两种形式均与劳动关系的真实状态不符，违反《中华人民共和国社会保险法》的规定，对社

会保险的登记、核定、缴纳、支付等正常秩序造成影响,因此仲裁委、法院不予支持。

依据:《北京市高级人民法院、北京市劳动争议仲裁委员会关于劳动争议案件法律适用问题研讨会会议纪要(二)》五、50

0361 劳动者先后曾在多家用人单位工作,其中的一家用人单位没有为其缴纳过养老保险,劳动者达到法定退休年龄时被告知无法补缴养老保险,劳动者是否可以要求赔偿养老金差额?

答:不可以。由于劳动者符合办理退休的条件,只是因其中的一家或几家用人单位未为其缴纳养老保险影响了其养老金水平,不属于无法享受养老保险待遇的情形,不符合《民事诉讼法》第119条第4项的规定。

依据:《北京市高级人民法院、北京市劳动人事争议仲裁委员会关于审理劳动争议案件法律适用问题的解答》23

0362 劳动者要求用人单位不缴纳社会保险,是否还可以用人单位未依法缴纳社会保险为由解除劳动合同并要求支付经济补偿金?

答:可以。依法缴纳社会保险是用人单位与劳动者的法定义务,即便是因劳动者要求用人单位不为其缴纳社会保险,劳动者以用人单位未依法缴纳社会保险费为由提出解除劳动合同要求支付经济补偿金的,仍应予支持。

依据:《北京市高级人民法院、北京市劳动人事争议仲裁委员会关于审理劳动争议案件法律适用问题的解答》25

0363 无雇工的个体工商户、未在用人单位参加基本养老保险的非全日制从业人员以及其他灵活就业人员,应当如何缴纳养老保险?

答:该等人员可以参加基本养老保险,由个人缴纳基本养老保险费。

依据:《中华人民共和国社会保险法》第10条第2款

0364 国有企业、事业单位职工参加基本养老保险前,视同缴费年限期间应当缴纳的基本养老保险费,应当如何处理?

答:应当由政府承担。

依据：《中华人民共和国社会保险法》第 13 条第 1 款

0365 养老保险个人账户余额，是否可以提前支取？

答：不可以。劳动者按照国家规定的本人工资的比例缴纳基本养老保险费，计入个人账户，个人账户不得提前支取，记账利率不得低于银行定期存款利率，免征利息税。

依据：《中华人民共和国社会保险法》第 14 条

0366 养老保险个人账户余额，是否可以被继承？

答：劳动者死亡的，其个人账户余额可以被继承。

依据：《中华人民共和国社会保险法》第 14 条

0367 基本养老金由哪些项目组成？

答：由统筹养老金和个人账户养老金组成。

依据：《中华人民共和国社会保险法》第 15 条第 1 款

0368 基本养老金根据哪些因素确定？

答：根据个人累计缴费年限、缴费工资、当地职工平均工资、个人账户金额、城镇人口平均预期寿命等因素确定。

依据：《中华人民共和国社会保险法》第 15 条第 2 款

0369 劳动者领取基本养老金有哪些条件？

答：参加基本养老保险的个人，达到法定退休年龄的人员，累计缴费满 15 年的，可以按月领取基本养老金。

依据：《中华人民共和国社会保险法》第 16 条第 1 款

0370 参加基本养老保险的个人达到法定退休年龄，但累计缴纳养老保险费不足 15 年的，应当如何处理？

答：可以缴费至满 15 年，按月领取基本养老金，也可以转入新型农村社会养老保险或者城镇居民社会养老保险，按照国务院规定享受相应的养老保险待遇。

依据：《中华人民共和国社会保险法》第 16 条

0371 参加基本养老保险的劳动者因病或者非因工死亡的，其遗属可以享受什么待遇？

答：其遗属可以领取丧葬补助金和抚恤金，所需资金由基本养老保险基金支付。

依据：《中华人民共和国社会保险法》第 17 条

0372 参加基本养老保险的劳动者在未达到法定退休年龄时因病或者非因工致残完全丧失劳动能力的，可以享受什么待遇？

答：可以领取病残津贴，所需资金从基本养老保险基金中支付。

依据：《中华人民共和国社会保险法》第 17 条

0373 劳动者跨统筹地区就业的，基本养老保险关系应当如何处理？

答：劳动者跨统筹地区就业的，其基本养老保险关系随本人转移，缴费年限累计计算。

依据：《中华人民共和国社会保险法》第 19 条

0374 劳动者跨统筹地区就业的，达到法定退休年龄时，基本养老金应当如何计算和支付？

答：基本养老金应当分段计算，统一支付，具体办法由国务院规定。

依据：《中华人民共和国社会保险法》第 19 条

0375 劳动者跨省流动就业的，应当如何办理养老保险关系转移接续手续？

答：参保人员跨省流动就业，其基本养老保险关系转移接续按下列规定办理：

1. 参保人员返回户籍所在地（指省、自治区、直辖市，下同）就业参保的，户籍所在地的相关社保经办机构应为其及时办理转移接续手续。

2. 参保人员未返回户籍所在地就业参保的，由新参保地的社保经办机构为其及时办理转移接续手续。但对男性年满 50 周岁和女性年满 40 周岁的，应在原参保地继续保留基本养老保险关系，同时在新参保地建立临时基本养老保险缴费账户，记录单位和个人全部缴费。参保人员再次跨省流动就业或在新参保地达到待遇领取条件时，将临时基本养老保险缴费账户中的全部缴费本息，转移归集到原参保地或待遇领取地。

3. 参保人员经县级以上党委组织部门、人力资源社会保障行政部门批准调动，且与调入单位建立劳动关系并缴纳基本养老保险费的，不受以上年龄规定限制，应在调入地及时办理基本养老保险关系转移接续手续。

依据：《城镇企业职工基本养老保险关系转移接续暂行办法》第5条

0376 跨省流动就业的参保人员达到待遇领取条件时，应当如何确定待遇领取地？

答：跨省流动就业的参保人员达到待遇领取条件时，按下列规定确定其待遇领取地：

1. 基本养老保险关系在户籍所在地的，由户籍所在地负责办理待遇领取手续，享受基本养老保险待遇。

2. 基本养老保险关系不在户籍所在地，而在其基本养老保险关系所在地累计缴费年限满10年的，在该地办理待遇领取手续，享受当地基本养老保险待遇。

3. 基本养老保险关系不在户籍所在地，且在其基本养老保险关系所在地累计缴费年限不满10年的，将其基本养老保险关系转回上一个缴费年限满10年的原参保地办理待遇领取手续，享受基本养老保险待遇。

4. 基本养老保险关系不在户籍所在地，且在每个参保地的累计缴费年限均不满10年的，将其基本养老保险关系及相应资金归集到户籍所在地，由户籍所在地按规定办理待遇领取手续，享受基本养老保险待遇。

依据：《城镇企业职工基本养老保险关系转移接续暂行办法》第6条

0377 参保人员跨省流动就业的，应当按什么程序办理基本养老保险关系转移接续手续？

答：参保人员跨省流动就业的，按下列程序办理基本养老保险关系转移接续手续：

1. 参保人员在新就业地按规定建立基本养老保险关系和缴费后，由用人单位或参保人员向新参保地社保经办机构提出基本养老保险关系转移接续的书面申请。

2. 新参保地社保经办机构在 15 个工作日内，审核转移接续申请，对符合《城镇企业职工基本养老保险关系转移接续暂行办法》规定条件的，向参保人员原基本养老保险关系所在地的社保经办机构发出同意接收函，并提供相关信息。对不符合转移接续条件的，向申请单位或参保人员作出书面说明。

3. 原基本养老保险关系所在地社保经办机构在接到同意接收函的 15 个工作日内，办理好转移接续的各项手续。

4. 新参保地社保经办机构在收到参保人员原基本养老保险关系所在地社保经办机构转移的基本养老保险关系和资金后，应在 15 个工作日内办结有关手续，并将确认情况及时通知用人单位或参保人员。

依据：《城镇企业职工基本养老保险关系转移接续暂行办法》第 8 条

0378 农村居民是否可以享受新型农村社会养老保险待遇？

答：可以。国家建立和完善新型农村社会养老保险制度，参加新型农村社会养老保险的农村居民，符合规定条件的，可以按月领取新型农村社会养老保险待遇。

依据：《中华人民共和国社会保险法》第 20 条第 1 款、第 21 条第 2 款

0379 农民工参加养老保险后中断就业或者返乡没有继续缴费的，养老保险个人账户储存额应当如何处理？

答：农民工中断就业或返乡没有继续缴费的，由原参保地社保经办机构保留其基本养老保险关系，保存其全部参保缴费记录及个人账户，个人账户储存额继续按规定计息。农民工返回城镇就业并继续参保缴费的，无论其回到原参保地就业还是到其他城镇就业，均按前述规定累计计算其缴费年限，合并计算其个人账户储存额，符合待遇领取条件的，与城镇职工同样享受基本养老保险待遇。农民工不再返回城镇就业的，其在城镇参保缴费记录及个人账户全部有效，并根据农民工的实际情况，或在其达到规定领取条件时享受城镇职工基本养老保险待遇，或转入新型农村社会养老保险。

依据：《城镇企业职工基本养老保险关系转移接续暂行办法》第 9 条第 1 款

0380 基本医疗保险费应当如何缴纳？

答：应当由用人单位和职工按照国家规定共同缴纳。

依据：《中华人民共和国社会保险法》第 23 条第 1 款

0381 灵活就业人员是否可以缴纳基本医疗保险费？

答：可以。无雇工的个体工商户、未在用人单位参加职工基本医疗保险的非全日制从业人员以及其他灵活就业人员可以参加职工基本医疗保险，由个人按照国家规定缴纳基本医疗保险费。

依据：《中华人民共和国社会保险法》第 23 条第 2 款

0382 享受最低生活保障的人、丧失劳动能力的残疾人、低收入家庭 60 周岁以上的老年人和未成年人等是否享受基本医疗保险补贴政策？

答：享受。享受最低生活保障的人、丧失劳动能力的残疾人、低收入家庭 60 周岁以上的老年人和未成年人等所需个人缴费部分，由政府给予补贴。

依据：《中华人民共和国社会保险法》第 25 条第 3 款

0383 达到法定退休年龄的劳动者，退休后是否需继续缴纳基本医疗保险费？

答：参加职工基本医疗保险的个人，达到法定退休年龄时累计缴费达到国家规定年限的，退休后不再缴纳基本医疗保险费，按照国家规定享受基本医疗保险待遇。

依据：《中华人民共和国社会保险法》第 27 条

0384 达到法定退休年龄的劳动者，未达到国家规定的基本医疗保险缴费年限的，应当如何处理？

答：可以缴纳基本医疗保险费至国家规定年限。

依据：《中华人民共和国社会保险法》第 27 条

0385 第三人侵权发生的医疗费，是否可以从基本医疗保险基金中支付？

答：不可以。应当由第三人负担的医疗费不纳入基本医疗保险基金支付范围。

依据：《中华人民共和国社会保险法》第 30 条第 1 款

0386 第三人侵权发生的医疗费，但第三人不支付或者无法确定第三人的，应当如何处理？

答：由基本医疗保险基金先行支付，基本医疗保险基金先行支付后，有权向第三人追偿。

依据：《中华人民共和国社会保险法》第 30 条第 2 款

0387 个体工商户是否应当为雇工缴纳工伤保险费？

答：应当缴纳。

依据：《工伤保险条例》第 2 条

0388 因劳动者本人意愿中断就业的，是否可以领取失业保险金？

答：不可以。只有非因劳动者本人意愿中断就业，并且在失业前用人单位和劳动者已经缴纳失业保险费满 1 年，已经进行失业登记并有求职要求的，才能够领取失业保险金。

依据：《中华人民共和国社会保险法》第 45 条

0389 劳动者办理失业登记，用人单位应当做好什么工作？

答：首先，用人单位应当及时为失业人员出具终止或者解除劳动关系证明；

其次，用人单位应当将失业人员名单自解除或终止劳动关系之日起 15 日内告知社会保险经办机构。

依据：《中华人民共和国社会保险法》第 50 条第 1 款

0390 劳动者未就业配偶是否可以享受生育保险待遇？

答：可以。用人单位已经缴纳生育保险费的，劳动者享受生育保险待遇。劳动者未就业配偶按照国家规定享受生育医疗费用待遇。所需资金从生育保险基金中支付。

依据：《中华人民共和国社会保险法》第 54 条第 1 款

0391 生育保险待遇包括哪些项目？

答：包括生育医疗费用和生育津贴。

依据：《中华人民共和国社会保险法》第 54 条第 2 款

0392 在试用期内，用人单位是否应当为劳动者缴纳社会保险费？

答：应当缴纳。用人单位应当自用工之日起 30 日内为劳动者向社会保险经办机构申请办理社会保险登记。

依据：《中华人民共和国社会保险法》第 58 条第 1 款

0393 用人单位与劳动者终止劳动关系，已经为劳动者缴纳的住房公积金应当如何处理？

答：用人单位应当自劳动关系终止之日起 30 日内向住房公积金管理中心办理变更登记，并办理劳动者住房公积金账户转移或封存手续。

依据：《住房公积金管理条例》第 15 条第 1 款

0394 在哪些情形下，劳动者企业年金个人账户中企业缴费及其投资收益完全归属于职工个人？

答：有下列情形之一的，职工企业年金个人账户中企业缴费及其投资收益完全归属于职工个人：

1. 职工达到法定退休年龄、完全丧失劳动能力或者死亡的；

2. 有《企业年金办法》第 12 条规定的企业年金方案终止情形之一的；

3. 非因职工过错企业解除劳动合同的，或者因企业违反法律规定职工解除劳动合同的；

4. 劳动合同期满，由于企业原因不再续订劳动合同的；

5. 企业年金方案约定的其他情形。

依据：《企业年金办法》第 12 条、第 20 条第 4、5 项

0395 符合法律、法规规定生育子女的夫妻，应当获得什么奖励或者福利待遇？

答：可以获得延长生育假的奖励或者其他福利待遇。

依据：《中华人民共和国人口与计划生育法》第 25 条第 1 款

0396 国家规定的职工宿舍冬季取暖补贴，用人单位是否可以自行降低或取消？

答：用人单位不得自行降低或取消。

依据：《劳动人事部、全国总工会、财政部关于在经济改革中要注意保障企业职工的劳动保险、福利待遇的意见》二

0397 用人单位的防暑降温工作应当由谁全面负责？

答：用人单位的主要负责人对本单位的防暑降温工作全面负责。

依据：《防暑降温措施管理办法》第5条第2款

0398 对于高温作业、高温天气作业的劳动者，用人单位是否应当向劳动者提供防暑降温的个人防护用品？

答：应当提供。用人单位应当向劳动者提供符合要求的防暑降温个人防护用品，并督促和指导劳动者正确使用。

依据：《防暑降温措施管理办法》第9条

0399 对于高温作业、高温天气作业的劳动者，用人单位是否应当普及高温防护、中暑急救等职业卫生知识？

答：应当普及。用人单位应当对劳动者进行上岗前职业卫生培训和在岗期间的定期职业卫生培训，普及高温防护、中暑急救等职业卫生知识。

依据：《防暑降温措施管理办法》第10条

0400 对于高温作业、高温天气作业的劳动者，用人单位是否应当提供防暑降温饮料及必需的药品？

答：应当提供。用人单位应当为高温作业、高温天气作业的劳动者供给足够的、符合卫生标准的防暑降温饮料及必需的药品。

依据：《防暑降温措施管理办法》第11条第1款

0401 对于高温作业、高温天气作业的劳动者，用人单位是否可以发放钱物替代提供防暑降温饮料？

答：不可以。用人单位不得以发放钱物替代提供防暑降温饮料。

依据：《防暑降温措施管理办法》第11条第2款

0402 对于从事高温作业的劳动者，用人单位是否应当向劳动者发放高温津贴？

答：应当发放。

依据：《防暑降温措施管理办法》第17条第1款

0403 在什么情形下，用人单位应当向劳动者发放高温津贴？

答：用人单位安排劳动者在 35℃ 以上高温天气从事室外露天作业以及不能采取有效措施将工作场所温度降低到 33℃ 以下的，应当向劳动者发放高温津贴，并纳入工资总额。

依据：《防暑降温措施管理办法》第 17 条第 2 款

0404 用人单位向劳动者发放的高温津贴标准应当如何确定？

答：应当由省级人力资源社会保障行政部门会同有关部门制定，并根据社会经济发展状况适时调整。

依据：《防暑降温措施管理办法》第 17 条第 2 款

0405 劳动者因高温作业或者高温天气作业中暑，是否享受工伤保险待遇？

答：劳动者经诊断为职业病的，享受工伤保险待遇。

依据：《防暑降温措施管理办法》第 19 条

0406 劳动者因工出差失踪，用人单位是否可以停发劳动者的工资？

答：因工出差失踪后，单位应积极派人寻找，查明下落。如经查找 3 个月后仍无下落时，从失踪的第 4 个月起，停发工资和一切劳保福利待遇。

依据：《劳动人事部关于职工失踪后的工资、保险福利待遇如何处理的复函》一

0407 因患精神病或非因工外出失踪，用人单位是否可以停发劳动者的工资？

答：因患精神病或非因工外出失踪时，从失踪第 2 个月起即停发其工资和一切劳保福利待遇。

依据：《劳动人事部关于职工失踪后的工资、保险福利待遇如何处理的复函》二

0408 对于因工出差、因患精神病或非因工外出失踪的劳动者，将来如查有下落如何处理？

答：所有失踪者，将来查有下落，如已死亡，一般可按照因病

或非因工死亡待遇处理。如生存他地或失而复归者，再根据具体情况分别处理。

依据：《劳动人事部关于职工失踪后的工资、保险福利待遇如何处理的复函》三

0409 女职工禁止从事的劳动范围？

答：禁止安排女职工从事矿山井下、国家规定的第四级体力劳动强度的劳动和其他禁忌从事的劳动。

依据：《中华人民共和国劳动法》第 59 条

0410 女职工在经期、孕期、哺乳期，用人单位不得安排哪些工作？

答：用人单位不得安排以下工作：

1. 在经期不得安排女职工从事高处、低温、冷水作业和国家规定的第三级体力劳动强度的劳动；

2. 在怀孕期间不得安排女职工从事国家规定的第三级体力劳动强度的劳动和孕期禁忌从事的劳动。对怀孕 7 个月以上的女职工，不得安排其延长工作时间和夜班劳动；

3. 在哺乳未满 1 周岁的婴儿期间不得安排女职工从事国家规定的第三级体力劳动强度的劳动和哺乳期禁忌从事的其他劳动，不得安排其延长工作时间和夜班劳动。

依据：《中华人民共和国劳动法》第 60 条、第 61 条、第 63 条

0411 女职工在怀孕、生育和哺乳期间，是否享受特殊劳动保护并获得帮助和补偿？

答：享受。女职工在怀孕、生育和哺乳期间，按照国家有关规定享受特殊劳动保护并可以获得帮助和补偿。公民实行计划生育手术，享受国家规定的休假。

依据：《中华人民共和国人口与计划生育法》第 26 条

0412 劳动者生育或者施行计划生育手术依法享受休假期间，应当如何支付工资？

答：用人单位应当正常支付劳动者工资。

依据：《北京市工资支付规定》第 23 条第 1 款

0413 用人单位是否应当对女职工进行劳动安全知识培训？

答：应当对女职工进行劳动安全卫生知识培训。

依据：《女职工劳动保护特别规定》第 3 条

0414 用人单位是否可因女职工怀孕、生育、哺乳降低其工资、予以辞退、与其解除劳动或者聘用合同？

答：不可以。

依据：《女职工劳动保护特别规定》第 5 条

0415 女职工在孕期不能适应原劳动的，用人单位应当如何安排工作？

答：用人单位应当根据医疗机构的证明，予以减轻劳动量或者安排其他能够适应的劳动。

依据：《女职工劳动保护特别规定》第 6 条第 1 款

0416 对于怀孕 7 个月以上的女职工，用人单位是否可以安排夜班劳动？

答：不可以。对怀孕 7 个月以上的女职工，用人单位不得安排夜班劳动，并应当在劳动时间内安排一定的休息时间。

依据：《女职工劳动保护特别规定》第 6 条第 2 款

0417 怀孕女职工在劳动时间内进行产前检查，所需时间是否应当计入劳动时间？

答：应当计入劳动时间。

依据：《女职工劳动保护特别规定》第 6 条第 3 款

0418 女职工应享受的产假期间的生育津贴，应当如何支付？

答：女职工产假期间的生育津贴，对已经参加生育保险的，按照用人单位上年度职工月平均工资的标准由生育保险基金支付。对未参加生育保险的，按照女职工产假前工资的标准由用人单位支付。

依据：《女职工劳动保护特别规定》第8条第1款

0419　女职工生育或者流产的医疗费用应当如何支付？

答：女职工生育或者流产的医疗费用，按照生育保险规定的项目和标准，对已经参加生育保险的，由生育保险基金支付。对未参加生育保险的，由用人单位支付。

依据：《女职工劳动保护特别规定》第8条第2款

0420　对哺乳未满1周岁婴儿的女职工，用人单位是否可以安排夜班劳动？

答：不可以，用人单位不得延长劳动时间或者安排夜班劳动。

依据：《女职工劳动保护特别规定》第9条第1款

0421　未成年工的年龄应当如何界定？

答：未成年工是指年满16周岁未满18周岁的劳动者。

依据：《中华人民共和国劳动法》第58条

0422　用人单位是否可以招用未成年人？

答：用人单位不得招用未满16周岁的未成年人，国家另有规定的除外。用人单位按照国家有关规定招用已满16周岁未满18周岁的未成年人的，应当执行国家在工种、劳动时间、劳动强度和保护措施等方面的规定，不得安排其从事过重、有毒、有害等危害未成年人身心健康的劳动或者危险作业。

依据：《中华人民共和国未成年人保护法》第61条第1、2款

0423　用人单位不得安排未成年工从事哪些劳动？

答：不得安排未成年工从事矿山井下、有毒有害、国家规定的第四级体力劳动强度的劳动和其他禁忌从事的劳动。

依据：《中华人民共和国劳动法》第64条

0424　患有《未成年工特殊保护规定》第5条规定疾病或具有生理缺陷（非残疾型）的未成年工，用人单位不得安排从事哪些工作？

答：用人单位不得安排其从事以下范围的劳动：

1.《高处作业分级》国家标准中第一级以上的高处作业；

2. 《低温作业分级》国家标准中第二级以上的低温作业；

3. 《高温作业分级》国家标准中第二级以上的高温作业；

4. 《体力劳动强度分级》国家标准中第三级以上体力劳动强度的作业；

5. 接触铅、苯、汞、甲醛、二硫化碳等易引起过敏反应的作业。

依据：《未成年工特殊保护规定》第4条

0425 在哪些情形下，用人单位应当对未成年工定期进行健康检查？

答：用人单位应按下列要求对未成年工定期进行健康检查：

1. 安排工作岗位之前；

2. 工作满1年；

3. 年满18周岁，距前一次的体检时间已超过半年。

依据：《未成年工特殊保护规定》第6条

0426 对未成年工的使用和特殊保护，是否应当进行登记？

答：应当登记。对未成年工的使用和特殊保护实行登记制度。用人单位招收使用未成年工，除符合一般用工要求外，还须向所在地的县级以上劳动行政部门办理登记。

依据：《未成年工特殊保护规定》第9条第1项

0427 未成年工的体检和登记费用，应当如何承担？

答：未成年工体检和登记，由用人单位统一办理和承担费用。

依据：《未成年工特殊保护规定》第10条

0428 未成年工是否应当持证上岗？

答：未成年工须持《未成年工登记证》上岗。

依据：《未成年工特殊保护规定》第9条第3项

0429 用人单位招用已满16周岁的未成年人从事过重、有毒、有害等危害未成年人身心健康的劳动或者危险作业的，应当如何处理？

答：应当由劳动保障部门责令改正，处以罚款；情节严重的，由工商行政管理部门吊销营业执照。

依据：《中华人民共和国未成年人保护法》第68条

劳动安全保护与职业培训、服务期 第八章 CHAPTER 8

0430 用人单位应当建立、健全哪些劳动安全卫生制度？

答：劳动安全卫生制度主要指：安全生产责任制、安全教育制度、安全检查制度、伤亡事故和职业病调查处理制度。

依据：

1.《中华人民共和国劳动法》第52条

2.《劳动部办公厅关于印发〈关于《劳动法》若干条文的说明〉的通知》第52条

0431 劳动安全卫生规程和标准是指什么？

答：劳动安全卫生规程和标准是指关于消除、限制或预防劳动过程中的危险和有害因素，保护职工安全与健康、保障设备、生产正常运行而制定的统一规定。劳动安全卫生标准分三级，即国家标准、行业标准和地方标准。

依据：《劳动部办公厅关于印发〈关于《劳动法》若干条文的说明〉的通知》第52条

0432 劳动安全卫生设施是指什么？

答：劳动安全卫生设施主要是指安全技术方面的设施、劳动卫生方面的设施和生产性辅助设施（如：女工卫生室、更衣室、饮水设施等）。

依据：《劳动部办公厅关于印发〈关于《劳动法》若干条文的说明〉的通知》第53条

0433 用人单位为劳动者提供劳动安全卫生条件和必要的劳动防护用品，应当符合什么标准？

答：用人单位必须为劳动者提供符合国家规定的劳动安全卫生条件和必要的劳动防护用品。

依据：《中华人民共和国劳动法》第 54 条

0434 对于用人单位管理人员违章指挥、强令冒险作业，劳动者应当如何处理？

答：劳动者有权拒绝执行。

依据：《中华人民共和国劳动法》第 56 条

0435 未经安全生产教育和培训合格的劳动者，是否可以上岗？

答：不得上岗。

依据：《中华人民共和国安全生产法》第 25 条第 1 款

0436 用人单位是否有对劳动者进行职业培训的义务？

答：有义务。用人单位应当建立职业培训制度，按照国家规定提取和使用职业培训经费，根据本单位实际，有计划地对劳动者进行职业培训。从事技术工种的劳动者，上岗前必须经过培训。

依据：《中华人民共和国劳动法》第 68 条

0437 用人单位是否应当为劳动者提供劳动防护用品？

答：用人单位应为劳动者提供必要的劳动防护用品。

依据：《中华人民共和国劳动法》第 54 条

0438 什么是特种作业？

答：特种作业，是指容易发生事故，对操作者本人、他人的安全健康及设备、设施的安全可能造成重大危害的作业。

依据：《特种作业人员安全技术培训考核管理规定》第 3 条

0439 从事特种作业的劳动者，是否必须进行专门培训？

答：从事特种作业的劳动者必须经过专门培训并取得特种作业资格。

依据：《中华人民共和国劳动法》第 55 条

0440 对用人单位管理人员危害生命安全和身体健康的行为，劳动者应当如何处理？

答：劳动者有权对其提出批评，检举和控告。

依据：《中华人民共和国劳动法》第 56 条第 2 款

0441 未成年工上岗前，用人单位是否应当进行职业安全卫生教育和培训？

答：应当对其进行有关的职业安全卫生教育、培训。

依据：《未成年工特殊保护规定》第 10 条

0442 用人单位是否应当对劳动者进行职业培训？

答：用人单位应当建立职业培训制度，按照国家规定提取和使用职业培训经费，根据本单位实际，有计划地对劳动者进行职业培训。

依据：《中华人民共和国劳动法》第 68 条第 1 款

0443 用人单位为劳动者提供的专项培训费用包括哪些项目？

答：包括用人单位为了对劳动者进行专业技术培训而支付的有凭证的培训费用、培训期间的差旅费用以及因培训产生的用于该劳动者的其他直接费用。

依据：《中华人民共和国劳动合同法实施条例》第 16 条

0444 用人单位出资对劳动者进行专业技术培训，双方是否可以约定服务期？

答：可以。用人单位为劳动者提供专项培训费用，对其进行专业技术培训的，可以与该劳动者订立协议，约定服务期。

依据：《中华人民共和国劳动合同法》第 22 条第 1 款

0445 从事哪些工作的劳动者，上岗前必须进行培训？

从事技术工种的劳动者，上岗前必须经过职业培训。

依据：《中华人民共和国劳动法》第 68 条第 2 款

0446 劳动者违反服务期约定，是否应当向用人单位支付违约金？

答：劳动者应当按照约定向用人单位支付违约金。违约金的数额不得超过用人单位提供的培训费用。用人单位要求劳动者支付的违约金不得超过服务期尚未履行部分所应分摊的培训费用。

依据：《中华人民共和国劳动合同法》第 22 条第 2 款

0447 用工单位是否应当对被派遣劳动者培训？

答：应当培训。用工单位应当对在岗被派遣劳动者进行工作岗位所必需的培训。

依据：《中华人民共和国劳动合同法》第 62 条第 4 项

0448 劳动者以用人单位未及时足额支付劳动报酬为由与用人单位解除约定服务期的劳动合同，劳动者是否应当支付用人单位违约金？

答：不属于劳动者违反服务期的约定，不应向用人单位支付违约金。

依据：《中华人民共和国劳动合同法实施条例》第 26 条

0449 用人单位出资对劳动者进行专业技术培训并约定服务期，用人单位依据《中华人民共和国劳动合同法》第 39 条规定情形解除劳动合同的，劳动者是否应当按服务期约定向用人单位支付违约金？

答：劳动者应当按照服务期约定向用人单位支付违约金。

依据：

1.《中华人民共和国劳动合同法实施条例》第 26 条

2.《中华人民共和国劳动合同法》第 39 条

0450 用人单位为劳动者办理了北京市户口，双方约定了服务期，用人单位是否可以双方约定为依据要求劳动者赔偿损失？

答：可以。确因劳动者违反了诚实信用原则，给用人单位造成损失的，劳动者应当予以赔偿。

依据：《北京市高级人民法院、北京市劳动争议仲裁委员会关于劳动争议案件法律适用问题研讨会会议纪要》六、33

规章制度、劳动纪律与职业道德

第九章
CHAPTER 9

0451 用人单位是否应当建立和完善规章制度？

答：用人单位应当依法建立和完善规章制度，保障劳动者享有劳动权利和履行劳动义务。

依据：《中华人民共和国劳动法》第 4 条

0452 用人单位在制定、修改直接涉及劳动者切身利益的规章制度时，是否应当经民主程序确定？

答：用人单位在制定、修改有关劳动报酬、工作时间、休息休假、劳动安全卫生、保险福利、职工培训、劳动纪律以及劳动定额管理等直接涉及劳动者切身利益的规章制度或者重大事项时，应当经民主程序讨论确定。

依据：《中华人民共和国劳动合同法》第 4 条第 2 款

0453 用人单位在制定、修改直接涉及劳动者切身利益的规章制度或者重大事项时，应当如何通过民主程序确定？

答：应当经职工代表大会或者全体职工讨论，提出方案和意见，与工会或者职工代表平等协商确定。

依据：《中华人民共和国劳动合同法》第 4 条第 2 款

0454 在规章制度和重大事项决定实施过程中，工会或者职工认为不适当的，应当如何处理？

答：工会或者职工认为不适当的，有权向用人单位提出，通过协商予以修改完善。

依据：《中华人民共和国劳动合同法》第 4 条第 3 款

0455 用人单位是否应当将直接涉及劳动者切身利益的规章制度和重大事项决定公示或者告知劳动者？

答：用人单位应当将直接涉及劳动者切身利益的规章制度和重大事项决定公示，或者告知劳动者。

依据：《中华人民共和国劳动合同法》第4条第4款

0456 用人单位制定的规章制度违反法律、法规规定损害劳动者权益，劳动者据此解除劳动合同是否可以要求用人单位支付解除劳动合同的经济补偿金？

答：可以。劳动者以此为由解除劳动合同，用人单位应当支付劳动者解除劳动合同经济补偿金。

依据：《中华人民共和国劳动合同法》第38条第4项、第46条第1项

0457 用人单位如何制定规章制度才可以作为劳动用工管理的依据？

答：通过民主程序制定的规章制度，不违反国家法律、行政法规及政策规定，并已向劳动者公示的，可以作为确定双方权利义务的依据。

依据：《最高人民法院关于审理劳动争议案件适用法律问题的解释（一）》第50条第1款

0458 用人单位制定的内部规章制度与集体合同或者劳动合同约定的内容不一致的，应当如何适用？

答：劳动者请求优先适用合同约定的，应当优先适用集体合同或者劳动合同约定。

依据：《最高人民法院关于审理劳动争议案件适用法律问题的解释（一）》第50条第2款

0459 怀孕女职工严重违反用人单位规章制度，用人单位据此解除劳动合同是否应当支付经济补偿金？

答：不支付。无论是怀孕女职工还是其他劳动者，因严重违反用人单位规章制度，用人单位解除劳动合同的，不支付经济补偿金。

依据：《中华人民共和国劳动合同法》第39条第2项

0460　用人单位制定本单位的工资支付制度，应当包括哪些事项？

答：工资支付制度应当主要规定下列事项：

1. 工资支付的项目、标准和形式；

2. 工资支付的周期和日期；

3. 工资扣除事项。

依据：《北京市工资支付规定》第 6 条第 2 款

0461　用人单位依法制定的各项规章制度适用于劳动者，是否可以作为判断双方具有劳动关系的因素？

答：可以作为认定用人单位与劳动者之间具有劳动关系的因素之一。

依据：《北京市高级人民法院、北京市劳动争议仲裁委员会关于劳动争议案件法律适用问题研讨会会议纪要》四、12

0462　2008 年 1 月 1 日前未经过民主程序制定的规章制度，是否可以作为用人单位用工管理的依据？

答：用人单位在 2008 年 1 月 1 日前制定的规章制度，虽未经过法定的民主程序，但内容未违反法律、行政法规及政策规定，并已向劳动者公示或告知的，可以作为用人单位用工管理的依据。

依据：《北京市高级人民法院、北京市劳动争议仲裁委员会关于劳动争议案件法律适用问题研讨会会议纪要》八、36

0463　在规章制度未作出明确规定、劳动合同亦未明确约定的情况下，劳动者严重违反劳动纪律和职业道德的，用人单位是否可以解除劳动合同？

答：可以。劳动者应当遵守劳动纪律和职业道德是对劳动者的基本要求，即便在规章制度未作出明确规定、劳动合同亦未明确约定的情况下，如劳动者存在严重违反劳动纪律或职业道德的行为，用人单位可以解除劳动合同。

依据：

1.《中华人民共和国劳动法》第 3 条第 2 款

2.《北京市高级人民法院、北京市劳动人事争议仲裁委员会关于审理劳动争议案件法律适用问题的解答》13

工作时间与加班加点 第十章 CHAPTER 10

0464 国家对劳动者的工作时间是怎么规定的？

答：劳动者每日工作 8 小时、每周工作 40 小时。

依据：《国务院关于职工工作时间的规定》第 3 条

0465 什么是非全日制用工？

答：非全日制用工，是指以小时计酬为主，劳动者在同一用人单位一般平均每日工作时间不超过 4 小时，每周工作时间累计不超过 24 小时的用工形式。

依据：《中华人民共和国劳动合同法》第 68 条

0466 用人单位根据生产经营特点不能适用标准工时制的，应当如何处理？

答：可以实行不定时工作制和综合计算工时工作制等其他工作和休息办法，但应依法获审批后执行。

依据：《劳动部关于企业实行不定时工作制和综合计算工时工作制的审批办法》第 3 条

0467 符合哪些条件的劳动者，用人单位可以适用不定时工作制？

答：用人单位对符合下列条件之一的劳动者，可以实行不定时工作制：

1. 企业中的高级管理人员、外勤人员、推销人员、部分值班人员和其他因工作无法按标准工作时间衡量的职工；

2. 企业中的长途运输人员、出租汽车司机和铁路、港口、仓库的部分装卸人员以及因工作性质特殊，需机动作业的职工；

3. 其他因生产特点、工作特殊需要或职责范围的关系，适合实行不定时工作制的职工。

依据：《劳动部关于企业实行不定时工作制和综合计算工时工作制的审批办法》第 4 条

0468 用人单位的高级管理人员实行不定时工作制，是否应当办理审批手续？

答：北京市无须办理审批手续，其他省市应按照当地规定执行。

依据：《北京市企业实行综合计算工时工作制和不定时工作制办法》第 16 条

0469 符合哪些条件的劳动者，用人单位可以适用综合计算工时工作制？

答：用人单位对符合下列条件之一的劳动者，可实行综合计算工时工作制，即分别以周、月、季、年等为周期，综合计算工作时间，但其平均日工作时间和平均周工作时间应与法定标准工作时间基本相同。

1. 交通、铁路、邮电、水运、航空、渔业等行业中因工作性质特殊，需连续作业的职工；

2. 地质及资源勘探、建筑、制盐、制糖、旅游等受季节和自然条件限制的行业的部分职工；

3. 其他适合实行综合计算工时工作制的职工。

依据：《劳动部关于企业实行不定时工作制和综合计算工时工作制的审批办法》第 5 条

0470 用人单位实行综合计算工时工作制和不定时工作制，应当如何申报？

答：用人单位应当向其营业执照注册地的区、县人力资源和社会保障局申报。

依据：《北京市企业实行综合计算工时工作制和不定时工作制办法》第 15 条

0471 北京市的用人单位实行综合计算工时工作制和不定时工作制，在申报时应当提交什么资料？

答：应当报送以下资料：

1. 企业营业执照副本及复印件；

2.《北京市企业实行综合计算工时工作制和不定时工作制申报表》。

依据：《北京市企业实行综合计算工时工作制和不定时工作制办法》第 15 条

0472 对于实行不定时工作制和综合计算工时工作制等其他工作和休息办法的劳动者，应当如何保障其休息的权利？

答：用人单位应当依照法律规定，在保障职工身体健康并充分听取职工意见的基础上，采用集中工作、集中休息、轮休调休、弹性工作时间等适当方式，确保职工的休息休假权利和生产、工作任务的完成。

依据：《劳动部关于企业实行不定时工作制和综合计算工时工作制的审批办法》第 6 条

0473 非全日制用工，劳动者的工作时间应当如何确定？

答：劳动者在同一用人单位一般平均每日工作时间不超过 4 小时，每周工作时间累计不超过 24 小时。

依据：《中华人民共和国劳动合同法》第 68 条

0474 实行不定时工作制的劳动者，是否可以要求用人单位支付加班工资？

答：不可以。用人单位经批准实行不定时工作制，不支付劳动者加班工资。

依据：《北京市工资支付规定》第 17 条

0475 用人单位安排劳动者加班，是否应当与工会和劳动者协商？

答：应当协商。用人单位由于生产经营需要，经与工会和劳动者协商后可以延长工作时间。

依据：《中华人民共和国劳动法》第 41 条

0476 用人单位安排劳动者加班，每天的加班时间是否有时间限制？

答：有限制，一般每日不得超过 1 小时。因特殊原因需要延长工作时间的，在保障劳动者身体健康的条件下延长工作时间每日不得超过 3 小时，但是每月不得超过 36 小时。

依据：《中华人民共和国劳动法》第 41 条

0477 在什么情形下，用人单位安排劳动者加班没有时间限制？

答：有下列情形之一的，用人单位安排劳动者加班不受《中华人民共和国劳动法》第 41 条规定的限制：

1. 发生自然灾害、事故或者因其他原因，威胁劳动者生命健康和财产安全，需要紧急处理的；

2. 生产设备、交通运输线路、公共设施发生故障，影响生产和公众利益，必须及时抢修的；

3. 法律、行政法规规定的其他情形。

依据：《中华人民共和国劳动法》第 41 条、第 42 条

0478 用人单位在工作日安排劳动者延时加班的，是否可以安排劳动者补休？

答：不可以安排劳动者补休，应当依法支付加班工资。

依据：《中华人民共和国劳动法》第 44 条第 1 项

0479 用人单位在工作日安排劳动者延时加班的，应当按照什么标准支付加班工资？

答：用人单位应当按照不低于工资的 150% 支付劳动者加班工资。

依据：《中华人民共和国劳动法》第 44 条第 1 项

0480 用人单位在休息日安排劳动者加班的，是否可以安排劳动者补休？

答：可以安排劳动者补休。

依据：《中华人民共和国劳动法》第 44 条第 2 项

0481 用人单位在休息日安排劳动者工作又不能安排补休的，应当按照什么标准支付加班工资？

答：用人单位应当按照不低于工资的 200% 支付劳动者加班工资。

依据：《中华人民共和国劳动法》第 44 条第 2 项

0482 用人单位在法定休假日安排劳动者加班的，是否可以安排劳动者补休？

答：不可以安排劳动者补休，应当依法支付加班工资。

依据：《中华人民共和国劳动法》第 44 条第 3 项

0483 用人单位在法定休假日安排劳动者加班的，应当按照什么标准支付劳动者加班工资？

答：用人单位应当按照不低于工资的 300% 支付劳动者加班工资。

依据：《中华人民共和国劳动法》第 44 条第 3 项

0484 劳动者主张加班工资的，是否应当承担举证责任？

答：劳动者主张加班工资的，应当就加班事实的存在承担举证责任。

依据：《最高人民法院关于审理劳动争议案件适用问题的解释（一）》第 42 条

0485 劳动者主张加班工资，但存在加班事实的证据由用人单位掌握的，用人单位是否应当提供？

答：应当提供。劳动者有证据证明用人单位掌握加班事实存在的证据，用人单位不提供的，由用人单位承担不利后果。

依据：《最高人民法院关于审理劳动争议案件适用问题的解释（一）》第 42 条

0486 实行计件工资制的劳动者，用人单位安排其在标准工作时间以外工作的，是否应当支付加班工资？

答：劳动者在完成计件定额任务后，用人单位安排其在标准工作时间以外工作的，应当依法支付加班工资。

依据：《北京市工资支付规定》第 15 条

0487　实行综合计算工时工作制的劳动者在休息日工作的，用人单位是否应支付加班工资？

答：用人单位经批准实行综合计算工时工作制的，在综合计算工时周期内，用人单位应当按照劳动者实际工作时间计算其工资。劳动者总实际工作时间超过总标准工作时间的部分，视为延长工作时间，应当不低于工资的 150% 支付加班工资。

依据：《北京市工资支付规定》第 16 条

0488　实行综合计算工时工作制的劳动者在法定休假日上班的，用人单位是否应当支付加班工资？

答：用人单位经批准实行综合计算工时工作制的，在综合计算工时周期，安排劳动者在法定休假日工作的，应当按照不低于工资的 300% 支付加班工资。

依据：《北京市工资支付规定》第 16 条

0489　在北京市，从事非全日制工作的劳动者在法定节假日工作的，用人单位是否应当支付加班工资？

答：从事非全日制工作的劳动者在法定休假日工作的，用人单位支付的小时工资不得低于北京市规定的非全日制从业人员法定休假日小时最低工资标准。非全日制从业人员法定休假日小时最低工资标准由北京市劳动保障部门确定、调整和公布。

依据：《北京市工资支付规定》第 18 条

0490　用人单位在妇女节、青年节安排劳动者休息、参加节日活动的，是否应支付加班工资？

答：妇女节、青年节等部分公民节日期间，用人单位安排劳动者休息、参加节日活动的，应当视同其正常劳动支付工资；劳动者照常工作的，可以不支付加班工资。

依据：《北京市工资支付规定》第 20 条

0491　用工单位安排被派遣劳动者加班，是否应当依法支付加班工资？

答：应当支付。

依据：《中华人民共和国劳动合同法》第 62 条第 3 项

0492 劳动者与用人单位在解除劳动合同时签订协议约定的加班工资低于法定标准，该协议是否有效？

答：如果该协议不违反法律、行政法规的强制性规定，且不存在欺诈、胁迫或者乘人之危情形的，该协议有效。

依据：《最高人民法院关于审理劳动争议案件适用法律问题的解释（一）》第 35 条第 1 款

0493 对于怀孕 7 个月以上的女员工，用人单位是否可以安排加班？

答：用人单位不得安排其加班，并且应当在劳动时间内安排一定的休息时间。

依据：《女职工劳动保护特别规定》第 6 条第 2 款

0494 对哺乳未满 1 周岁婴儿的女职工，用人单位是否可以安排加班？

答：对哺乳未满 1 周岁婴儿的女职工，用人单位不得延长劳动时间。

依据：《女职工劳动保护特别规定》第 9 条第 1 款

0495 出租车司机主张休息日和法定节假日加班工资的，应当如何处理？

答：出租车行业实行不定时工作制，休息、休假由出租车司机自行安排，用人单位不支付休息日和法定节假日加班工资。

依据：《北京市高级人民法院、北京市劳动争议仲裁委员会关于劳动争议案件法律适用问题研讨会会议纪要（二）》四、44

0496 应当如何确定劳动者加班工资的计算基数？

答：劳动者加班工资计算基数，应当按照法定工作时间内劳动者提供正常劳动应得工资确定，劳动者每月加班费不计到下月加班费计算基数中。

依据：《北京市高级人民法院、北京市劳动人事争议仲裁委员会关于审理劳动争议案件法律适用问题的解答》22

0497 用人单位和劳动者在劳动合同中约定了加班工资计算基数，同时又约定以北京市规定的最低工资标准或低于劳动合同约定的工资标准作为加班工资计算基数，应当如何确定加班工资计算基数？

答：劳动者主张以劳动合同约定的工资标准作为加班工资计算基数的，应当以劳动合同约定的工资标准作为加班工资计算基数。

依据：《北京市高级人民法院、北京市劳动人事争议仲裁委员会关于审理劳动争议案件法律适用问题的解答》22（1）

0498 劳动者正常提供劳动的情况下，双方实际发放的工资标准高于劳动合同约定工资的，应当如何确定加班工资计算基数？

答：应当以实际发放的工资标准作为加班工资计算基数。

依据：《北京市高级人民法院、北京市劳动人事争议仲裁委员会关于审理劳动争议案件法律适用问题的解答》22（2）

0499 劳动合同没有明确约定工资数额或者劳动合同对工资数额约定不明，应当如何确定加班工资计算基数？

答：应当以实际发放的工资作为加班工资计算基数，用人单位按月直接支付给职工的工资、奖金、津贴、补贴等都属于实际发放的工资，具体包括《国家统计局〈关于工资总额组成的规定〉若干具体范围的解释》规定"工资总额"的几个组成部分。

依据：《北京市高级人民法院、北京市劳动人事争议仲裁委员会关于审理劳动争议案件法律适用问题的解答》22（3）

0500 劳动者的工资由"基本工资""岗位津贴""职务工资"等项目构成，应当如何确定加班工资计算基数？

答：劳动者加班工资的计算基数应包括"基本工资""岗位津贴"等所有工资项目，不能以"基本工资""岗位工资"或"职务工资"单独一项作为计算基数。

依据：《北京市高级人民法院、北京市劳动人事争议仲裁委员会关于审理劳动争议案件法律适用问题的解答》22（3）

0501 对于当月支付的伙食补助和前月加班工资，是否应当计入当月加班工资计算基数？

答：当月支付的伙食补助、前月加班工资等应当扣除，不能列入当月加班工资计算基数范围。

依据：《北京市高级人民法院、北京市劳动人事争议仲裁委员会关于审理劳动争议案件法律适用问题的解答》22（3）

0502 劳动者的当月奖金是否应当计入当月加班工资计算基数？

答：劳动者的当月奖金具有"劳动者正常工作时间工资报酬"性质的，属于工资组成部分，应当计入加班工资计算基数。劳动者的当月工资与当月奖金发放日期不一致的，应将这两部分合计作为加班工资计算基数。用人单位不按月、按季发放的奖金，根据实际情况判断可以不作为加班工资计算基数。

依据：《北京市高级人民法院、北京市劳动人事争议仲裁委员会关于审理劳动争议案件法律适用问题的解答》22（4）

0503 实行综合计算工时工作制的用人单位，应当如何确定加班工资计算基数？

答：当综合计算周期为季度或年度时，应将综合周期内的月平均工资作为加班工资计算基数。

依据：《北京市高级人民法院、北京市劳动人事争议仲裁委员会关于审理劳动争议案件法律适用问题的解答》22（6）

0504 电子打卡记录是否可以单独作为证明劳动者存在加班事实的证据？

答：仅有电子打卡记录而用人单位不确认的，一般不能认定劳动者存在加班的事实。

依据：《北京市高级人民法院、北京市劳动争议仲裁委员会关于劳动争议案件法律适用问题研讨会会议纪要》五、20

0505 劳动者每周工作 6 天，是否存在加班？

答：用人单位因工作性质和生产特点不能实行标准工时制度的，应保证劳动者每天工作时间不超过 8 小时、每周工作时间不超过 40 小时，每周至少休息 1 天，劳动者少休息的 1 天，不视为加班。

依据：《北京市高级人民法院、北京市劳动争议仲裁委员会关于劳动争议案件法律适用问题研讨会会议纪要》五、21

0506▶ 北京市的用人单位与劳动者未约定实际支付的工资是否包含加班工资，劳动者主张加班工资的，应当如何处理？

答：用人单位有证据证明已支付的工资包含正常工作时间工资和加班工资，而且折算后的正常工作时间工资不低于北京市最低工资标准的，可以认定用人单位已支付的工资包含加班工资。

依据：《北京市高级人民法院、北京市劳动争议仲裁委员会关于劳动争议案件法律适用问题研讨会会议纪要》五、23

休息与休假 第十一章
CHAPTER 11

0507 用人单位实行标准工时工作制的，应当保证劳动者每周至少休息几天？

答：用人单位应当保证劳动者每周至少休息 1 天。

依据：《中华人民共和国劳动法》第 36 条、第 38 条

0508 用人单位实行标准工时工作制的，劳动者的工作时间应当如何确定？

答：劳动者每天工作 8 小时、每周工作 40 小时。

依据：《国务院关于职工工作时间的规定》第 3 条

0509 周休息日是指哪几天？

答：周休息日为星期六和星期日。

依据：《国务院关于职工工作时间的规定》第 7 条第 1 款

0510 用人单位是否可以灵活安排劳动者的周休息日？

答：用人单位可以根据实际情况灵活安排劳动者的周休息日。

依据：《国务院关于职工工作时间的规定》第 7 条第 2 款

0511 用人单位不能实行标准工时工作制的，是否可以实行其他工作和休息办法？

答：用人单位经劳动行政部门审批，可以根据生产特点实行其他工作和休息办法。

依据：

1.《中华人民共和国劳动法》第 39 条

2. 《国务院关于职工工作时间的规定》第 5 条

0512 对于哪些节日及纪念日，用人单位应当安排劳动者休假？

答：全体公民放假的节日：

1. 新年，放假 1 天（1 月 1 日）；

2. 春节，放假 3 天（农历正月初一、初二、初三）；

3. 清明节，放假 1 天（农历清明当日）；

4. 劳动节，放假 1 天（5 月 1 日）；

5. 端午节，放假 1 天（农历端午当日）；

6. 中秋节，放假 1 天（农历中秋当日）；

7. 国庆节，放假 3 天（10 月 1 日、2 日、3 日）。

部分公民放假的节日及纪念日：

1. 妇女节（3 月 8 日），妇女放假半天；

2. 青年节（5 月 4 日），14 周岁以上的青年放假半天；

3. 儿童节（6 月 1 日），不满 14 周岁的少年儿童放假 1 天；

4. 中国人民解放军建军纪念日（8 月 1 日），现役军人放假半天。

少数民族习惯的节日，由各少数民族聚居地区的地方人民政府按照各该民族习惯，规定放假日期。

依据：《全国年节及纪念日放假办法》第 2 条、第 3 条、第 4 条

0513 二七纪念日、五卅纪念日、七七抗战纪念日、九三抗战胜利纪念日、九一八纪念日、教师节、护士节、记者节、植树节等节日、纪念日，用人单位是否应当安排劳动者休假？

答：上述节日及纪念日，用人单位均不安排劳动者休假。

依据：《全国年节及纪念日放假办法》第 5 条

0514 全体公民放假的假日适逢星期六、星期日，是否应当安排补假？

答：用人单位应当安排劳动者在工作日补假。

依据：《全国年节及纪念日放假办法》第 6 条

0515 部分公民放假的假日适逢星期六、星期日，是否应当

安排补假？

答：用人单位不安排劳动者补假。

依据：《全国年节及纪念日放假办法》第 6 条

0516 劳动者享受带薪年休假的条件是什么？

答：劳动者连续工作 1 年以上的，享受带薪年休假。

依据：

1. 《中华人民共和国劳动法》第 45 条

2. 《职工带薪年休假条例》第 2 条

3. 《企业职工带薪年休假实施办法》第 3 条

0517 劳动者连续工作满 12 个月以上享受带薪年休假，是否为在同一用人单位的连续工作时间？

答：劳动者连续工作满 12 个月以上，既包括在同一用人单位连续工作满 12 个月以上的情形，也包括在不同用人单位连续工作满 12 个月以上的情形。

依据：《人力资源和社会保障部办公厅关于〈企业职工带薪年休假实施办法〉有关问题的复函》一

0518 年休假天数计算是根据同一用人单位的工龄计算，还是根据在不同用人单位工作期间的工龄累计计算？

答：年休假天数根据职工累计工作时间确定。职工在同一或者不同用人单位工作期间，以及依照法律、行政法规或者国务院规定视同工作期间，应当计为累计工作时间。

依据：《企业职工带薪年休假实施办法》第 4 条

0519 计算未休年休假工资报酬的日工资收入如何计算？

答：按照职工本人的月工资除以月计薪天数（21.75 天）进行折算。

依据：《企业职工带薪年休假实施办法》第 11 条第 1 款

0520 依法服兵役的时间，是否应当计算为劳动者享受带薪年休假的累计工作时间？

答：劳动者享受带薪年休假的"累计工作时间"，包括依法服兵役的时间。

依据：《人力资源和社会保障部办公厅关于〈企业职工带薪年休假实施办法〉有关问题的复函》二

0521　劳动者享受带薪年休假的累计工作时间，可以根据哪些证明材料确定？

答：可以根据劳动者的档案记载、单位缴纳社保费记录、劳动合同或者其他具有法律效力的证明材料确定。

依据：《人力资源和社会保障部办公厅关于〈企业职工带薪年休假实施办法〉有关问题的复函》二

0522　劳动者每年享受带薪年休假的天数，应当如何计算？

答：劳动者累计工作已满1年不满10年的，年休假5天。已满10年不满20年的，年休假10天。已满20年的，年休假15天。

依据：《职工带薪年休假条例》第3条第1款

0523　国家法定休假日、休息日是否计入带薪年休假的假期？

答：不计入年休假的假期。

依据：《职工带薪年休假条例》第3条第2款

0524　在哪些情形下，劳动者不享受当年的带薪年休假？

答：劳动者有下列情形之一的，不享受当年的年休假：

1. 劳动者依法享受寒暑假，其休假天数多于年休假天数的；

2. 劳动者请事假累计20天以上且单位按照规定不扣工资的；

3. 累计工作满1年不满10年的劳动者，请病假累计2个月以上的；

4. 累计工作满10年不满20年的劳动者，请病假累计3个月以上的；

5. 累计工作满20年以上的劳动者，请病假累计4个月以上的。

依据：《职工带薪年休假条例》第4条

0525　用人单位安排劳动者休带薪年休假，是否应当考虑本人意愿？

答：用人单位根据生产、工作的具体情况，并考虑劳动者本人意愿，统筹安排劳动者年休假。

依据:

1. 《职工带薪年休假条例》第 5 条第 1 款

2. 《企业职工带薪年休假实施办法》第 9 条

0526 用人单位安排劳动者休带薪年休假,是否可以跨年度安排?

答: 带薪年休假在 1 个年度内可以集中安排,也可以分段安排,一般不跨年度安排。单位因生产、工作特点确有必要跨年度安排劳动者带薪年休假的,可以跨 1 个年度安排。

依据:《职工带薪年休假条例》第 5 条第 2 款

0527 用人单位不能安排劳动者休带薪年休假或者跨 1 个年度安排带薪年休假的,是否应当征得劳动者同意?

答: 用人单位确因工作需要不能安排劳动者年休假或者跨 1 个年度安排年休假的,应征得劳动者本人同意。

依据:《企业职工带薪年休假实施办法》第 9 条

0528 在什么情形下,用人单位可以不安排劳动者休带薪年休假?

答: 单位确因工作需要不能安排劳动者休年休假的,经劳动者本人同意,可以不安排劳动者休年休假。

依据:《职工带薪年休假条例》第 5 条第 3 款

0529 劳动者新进用人单位,当年度是否应当享受带薪年休假?

答: 劳动者新进用人单位且连续工作满 12 个月以上的,应当享受带薪年休假。

依据:《企业职工带薪年休假实施办法》第 5 条第 1 款

0530 劳动者新进用人单位,应当如何计算当年度享受的带薪年休假天数?

答: 劳动者新进用人单位且连续工作满 12 个月以上的,应享受带薪年休假。当年度年休假天数,按照在本单位剩余日历天数折算确定,折算后不足 1 整天的部分不享受年休假。

折算方法为:(当年度在本单位剩余日历天数÷365 天)×劳动者

本人全年应当享受的年休假天数。

依据：《企业职工带薪年休假实施办法》第 5 条

0531 劳动者依法享受的探亲假、婚丧假、产假等国家规定的假期以及因工伤停工留薪期间，是否计入带薪年休假的假期？

答：不计入带薪年休假的假期。

依据：《企业职工带薪年休假实施办法》第 6 条

0532 劳动者享受的寒暑假天数少于其带薪年休假天数的，是否应当补足年休假天数？

答：确因工作需要，劳动者享受的寒暑假天数少于其年休假天数的，用人单位应当安排补足年休假天数。

依据：《企业职工带薪年休假实施办法》第 7 条

0533 劳动者已享受当年的带薪年休假，当年度内又请事假或者病假的，应当如何处理？

答：劳动者已享受当年的年休假，当年度内又出现以下情形之一的，不享受下一年度的年休假：

1. 请事假累计 20 天以上且单位按照规定不扣工资的；
2. 累计工作满 1 年不满 10 年的，请病假累计 2 个月以上的；
3. 累计工作满 10 年不满 20 年的，请病假累计 3 个月以上的；
4. 累计工作满 20 年以上的，请病假累计 4 个月以上的。

依据：

1.《职工带薪年休假条例》第 4 条

2.《企业职工带薪年休假实施办法》第 8 条

0534 劳动者因本人原因且书面提出不休带薪年休假的，用人单位应当如何处理？

答：用人单位可以只支付劳动者正常工作期间的工资收入。

依据：《企业职工带薪年休假实施办法》第 10 条第 2 款

0535 用人单位与劳动者解除或者终止劳动合同时，当年度未安排劳动者休满应休带薪年休假的，应当如何处理？

答：用人单位应当按照劳动者当年已工作时间折算应休未休年休假天数并支付未休年休假工资报酬，但折算后不足 1 整天的部分不支付未休年休假工资报酬。

折算方法为：（当年度在本单位已过日历天数÷365 天）×劳动者本人全年应当享受的年休假天数−当年度已安排年休假天数。

依据：《企业职工带薪年休假实施办法》第 12 条第 1、2 款

0536 用人单位与劳动者解除或者终止劳动合同时，用人单位当年已安排劳动者年休假，但多于折算应休年休假的天数，应当如何处理？

答：用人单位当年已安排劳动者年休假的，多于折算应休年休假的天数不再扣回。

依据：《企业职工带薪年休假实施办法》第 12 条第 3 款

0537 劳动合同、集体合同约定的或者用人单位规章制度规定的带薪年休假天数、未休带薪年休假工资报酬高于法定标准的，应当如何处理？

答：用人单位应当按照有关约定或者规定执行。

依据：《企业职工带薪年休假实施办法》第 13 条

0538 劳务派遣单位的被派遣劳动者，是否应当享受带薪年休假？

答：劳务派遣单位的被派遣劳动者符合连续工作满 12 个月以上的，应当享受带薪年休假。

依据：《企业职工带薪年休假实施办法》第 3 条、第 14 条第 1 款

0539 被派遣劳动者在劳动合同期限内无工作期间由劳务派遣单位依法支付劳动报酬的天数，多于其全年应当享受的带薪年休假天数的，应当如何处理？

答：被派遣劳动者不享受当年的带薪年休假。

依据：《企业职工带薪年休假实施办法》第 14 条第 2 款

0540 被派遣劳动者在劳动合同期限内无工作期间由劳务派遣单位依法支付劳动报酬的天数，少于其全年应当享受的带薪年休假天数的，应当如何处理？

答：劳务派遣单位、用工单位应当协商安排补足被派遣劳动者带薪年休假天数。

依据：《企业职工带薪年休假实施办法》第 14 条

0541 用人单位应当如何安排劳动者休婚丧假？

答：依法办理结婚登记的劳动者，除享受国家规定的 1 天至 3 天婚假外，增加假期 7 天。

劳动者的直系亲属（父母、配偶和子女）死亡时，用人单位酌情给予 1 天至 3 天的丧假。

依据：

1. 《国家劳动总局、财政部关于国营企业职工请婚丧假和路程假问题的通知》一

2. 《北京市人口与计划生育条例》第 16 条

0542 劳动者享受婚丧假期间，用人单位是否应当给予劳动者路程假？

答：用人单位可以根据路程远近，另给予劳动者路程假。

依据：《国家劳动总局、财政部关于国营企业职工请婚丧假和路程假问题的通知》二

0543 哪些职工可以享受探亲假？

答：凡在国家机关、人民团体和全民所有制企业，事业单位工作满 1 年的固定职工，与配偶不住在一起，又不能在公休假日团聚的，可以享受探望配偶的待遇。与父亲、母亲都不住在一起，又不能在公休假日团聚的，可以享受探望父母待遇。但是，职工与父亲或与母亲一方能够在公休假日团聚的，不能享受探望父母的待遇。

依据：《国务院关于职工探亲待遇的规定》第 2 条

0544 职工享受探亲假的天数，应当如何确定？

答：符合休探亲假条件的职工，按照以下规定享受探亲假期：

1. 职工探望配偶的，每年给予一方探亲假一次，假期为 30 天；

2. 未婚职工探望父母，原则上每年给假一次，假期为 20 天，如果因为工作需要，本单位当年不能给予假期，或者职工自愿两年探亲一次，可以两年给假一次，假期为 45 天；

3. 已婚职工探望父母的，每 4 年给假一次，假期为 20 天。

依据：《国务院关于职工探亲待遇的规定》第 3 条第 1 款

0545 职工享受的探亲假是否包含路程假？

答：不包含路程假。用人单位安排职工休探亲假时，应根据实际需要给予职工路程假。

依据：《国务院关于职工探亲待遇的规定》第3条第2款

0546 职工享受的探亲假及路程假适逢公休假日和法定节日，应当如何处理？

答：职工享受的探亲假、路程假等假期均包括公休假日和法定节日在内，不顺延假期。

依据：《国务院关于职工探亲待遇的规定》第3条第2款

0547 实行休假制度的职工，应当如何休探亲假？

答：实行休假制度的职工（例如学校的教职工），应该在休假期间探亲，如果休假期较短，可由本单位适当安排，补足职工探亲假的天数。

依据：《国务院关于职工探亲待遇的规定》第4条

0548 在什么情形下，女职工不再享受当年探亲待遇？

答：女职工到配偶工作地点生育，在生育休假期间，超过56天（难产、双生70天）产假以后，与配偶团聚30天以上的，不再享受当年探亲待遇。

依据：《国家劳动总局关于制定〈国务院关于职工探亲待遇的规定〉实施细则的若干问题的意见》五

0549 在什么情形下，职工不再享受探望父母的待遇？

答：职工的父亲或母亲和职工的配偶同居一地，职工在探望配偶时，即可同时探望其父或者母亲的，不能再享受探望父母的待遇。

依据：《国家劳动总局关于制定〈国务院关于职工探亲待遇的规定〉实施细则的若干问题的意见》六

0550 对于请长病假的劳动者，用人单位应当如何处理？

答：请长病假的职工，在病假期间与原用人单位保持着劳动关系，用人单位应与其签订劳动合同。

依据：《劳动部关于贯彻执行〈中华人民共和国劳动法〉若干问题的意见》二、（一）、8

0551 对于放长假和提前退养的职工，用人单位应当如何处理？

答： 企业中长期病休、放长假和提前退养的职工，仍是企业职工，与用人单位保持着劳动关系，用人单位应当依法与其签订劳动合同。

依据：《劳动部实施〈劳动法〉中有关劳动合同问题的解答》四

0552 用人单位安排劳动者加班，劳动者是否可以拒绝？

答： 用人单位确因生产经营需要，必须延长工作时间时，应与工会和劳动者协商，但《中华人民共和国劳动法》第 42 条和《劳动部贯彻〈国务院关于职工工作时间的规定〉的实施办法》第 7 条规定的除外。协商后，企业可以在劳动法限定的延长工作时数内决定延长工作时间，对企业违反法律、法规强迫劳动者延长工作时间的，劳动者有权拒绝。

依据：

1.《劳动部关于贯彻执行〈中华人民共和国劳动法〉若干问题的意见》四、（二）、71

2.《中华人民共和国劳动法》第 42 条

3.《劳动部贯彻〈国务院关于职工工作时间的规定〉的实施办法》第 7 条

0553 女职工享受产假的天数，应当如何确定？

答： 北京市机关、企业事业单位、社会团体和其他组织的女职工，按规定生育的，享受 98 天产假，其中产前可以休假 15 天。难产的，应增加产假 15 天。生育多胞胎的，每多生育 1 个婴儿，可增加产假 15 天。除享受上述国家规定的产假外，享受生育奖励假 30 天。女职工经所在机关、企业事业单位、社会团体和其他组织同意，可以再增加假期 1 个月至 3 个月。

依据：

1. 《女职工劳动保护特别规定》第 7 条第 1 款
2. 《北京市人口与计划生育条例》第 18 条

0554 女职工应当如何享受哺乳假？

答：用人单位应当在每天的劳动时间内为哺乳期女职工安排 1 小时哺乳时间。女职工生育多胞胎的，每多哺乳 1 个婴儿每天增加 1 小时哺乳时间。

依据：《女职工劳动保护特别规定》第 9 条第 2 款

0555 女职工在孕期不能适应原劳动的，用人单位应当如何安排其工作？

答：用人单位应根据医疗机构的证明，予以减轻劳动量或者安排其他能够适应的劳动。对怀孕 7 个月以上的女职工，用人单位不得延长劳动时间或者安排夜班劳动，并应当在劳动时间内安排一定的休息时间。

依据：《女职工劳动保护特别规定》第 6 条第 1、2 款

0556 劳动者享受医疗期的天数，应当如何确定？

答：企业职工因患病或非因工负伤，需要停止工作医疗时，根据劳动者实际参加工作年限和在本单位工作年限，给予 3 个月到 24 个月的医疗期：

1. 实际工作年限 10 年以下的，在本单位工作年限 5 年以下的为医疗期 3 个月；5 年以上的医疗期为 6 个月。

2. 实际工作年限 10 年以上的，在本单位工作年限 5 年以下的医疗期为 6 个月；5 年以上 10 年以下的医疗期为 9 个月；10 年以上 15 年以下的医疗期为 12 个月；15 年以上 20 年以下的医疗期为 18 个月；20 年以上的医疗期为 24 个月。

依据：《企业职工患病或非因工负伤医疗期规定》第 3 条

0557 计算劳动者享受医疗期的周期，应当如何确定？

答：医疗期 3 个月的按 6 个月内累计病休时间计算；医疗期 6 个月的按 12 个月内累计病休时间计算；医疗期 9 个月的按 15 个月内累计病休时间计算；医疗期 12 个月的按 18 个月内累计病休时间

计算；医疗期 18 个月的按 24 个月内累计病休时间计算；医疗期 24 个月的按 30 个月内累计病休时间计算。

依据：《企业职工患病或非因工负伤医疗期规定》第 4 条

0558 劳动者非因工致残和经医生或医疗机构认定患有难以治疗的疾病，在医疗期内医疗终结但不能从事原工作，也不能从事用人单位另行安排的工作的，应当如何处理？

答：应当由劳动鉴定委员会参照工伤与职业病致残程度鉴定标准进行劳动能力的鉴定。被鉴定为一至四级的，应当退出劳动岗位，终止劳动关系，办理退休、退职手续，享受退休、退职待遇；被鉴定为五至十级的，医疗期内不得解除劳动合同。

依据：《企业职工患病或非因工负伤医疗期规定》第 6 条

0559 劳动者非因工致残和经医生或医疗机构认定患有难以治疗的疾病但医疗期满的，应当如何处理？

答：应当由劳动鉴定委员会参照工伤与职业病致残程度鉴定标准进行劳动能力的鉴定。被鉴定为一至四级的，应当退出劳动岗位，解除劳动关系，并办理退休、退职手续，享受退休、退职待遇。

依据：《企业职工患病或非因工负伤医疗期规定》第 7 条

0560 劳动者患病或者非因工负伤，在规定的医疗期满后不能从事原工作，也不能从事由用人单位另行安排的工作的，用人单位是否可以解除劳动合同？

答：用人单位提前 30 日以书面形式通知劳动者本人或者额外支付劳动者 1 个月工资后，可以解除劳动合同。

依据：《中华人民共和国劳动合同法》第 40 条第 1 项

保密与竞业限制

第十二章
CHAPTER 12

0561 在劳动用工中，用人单位应当如何保护商业秘密？

答：用人单位可以与劳动者签订劳动合同或者保密协议约定劳动者保守用人单位的商业秘密，劳动者违反约定的保密事项，对用人单位造成经济损失的，应当依法承担赔偿责任。双方还可以约定竞业限制条款，并约定在解除或者终止劳动合同后，在竞业限制期限内按月给予劳动者经济补偿，劳动者违反竞业限制约定的，应当按照约定向用人单位支付违约金。

依据：《中华人民共和国劳动合同法》第 23 条、第 90 条

0562 用人单位与劳动者在劳动合同或者保密协议中约定了竞业限制和经济补偿，但劳动合同解除或者终止后，因用人单位的原因导致 3 个月未支付劳动者经济补偿，应当如何处理？

答：劳动者可以申请劳动仲裁，请求解除与用人单位的竞业限制约定。

依据：《最高人民法院关于审理劳动争议案件适用法律问题的解释（一）》第 38 条

0563 在竞业限制期限内，用人单位是否可以解除竞业限制协议？

答：在竞业限制期限内，用人单位可以解除竞业限制协议。

依据：《最高人民法院关于审理劳动争议案件适用法律问题的解释（一）》第 39 条第 1 款

0564 在竞业限制期限内，用人单位解除竞业限制协议，劳动者请求用人单位支付竞业限制经济补偿的，应当如何处理？

答：用人单位应当额外支付劳动者 3 个月的竞业限制经济补偿。

依据：《最高人民法院关于审理劳动争议案件适用法律问题的解释（一）》第 39 条第 2 款

0565 劳动者违反竞业限制约定并向用人单位支付了违约金，是否还应当继续履行竞业限制义务？

答：用人单位要求劳动者按照约定继续履行竞业限制义务的，劳动者应当继续履行竞业限制义务。

依据：《最高人民法院关于审理劳动争议案件适用法律问题的解释（一）》第 40 条

0566 用人单位与劳动者在劳动合同或者保密协议中约定了竞业限制条款，用人单位此后认为劳动者不必履行竞业限制义务并已明确告知劳动者的，是否应当支付经济补偿？

答：在用人单位告知前，劳动者已按约定履行了竞业限制义务的，用人单位应当支付履行期间的经济补偿。

依据：《北京市高级人民法院、北京市劳动争议仲裁委员会关于劳动争议案件法律适用问题研讨会会议纪要》八、37

0567 用人单位与劳动者在劳动合同或者保密协议中约定了竞业限制条款，但并未约定经济补偿的，竞业限制条款是否无效？

答：竞业限制条款有效。双方就补偿费的给付或具体给付标准，可以在劳动关系存续期间或者在解除、终止劳动合同时通过协商予以补救。

依据：《北京市高级人民法院、北京市劳动争议仲裁委员会关于劳动争议案件法律适用问题研讨会会议纪要》八、38

0568 用人单位与劳动者在劳动合同或者保密协议中约定了竞业限制条款，但未就补偿费的给付或具体给付标准进行约定，应当如何处理？

答：双方就补偿费的给付或具体给付标准在劳动关系存续期间或在解除、终止劳动合同时，可以通过协商予以补救。经协商不能达成一致的，可按照双方劳动关系终止前最后一个年度劳动者工资的20%至60%确定补偿费数额。

依据：《北京市高级人民法院、北京市劳动争议仲裁委员会关于劳动争议案件法律适用问题研讨会会议纪要》八、38

0569 用人单位与劳动者在劳动合同或保密协议中约定了竞业限制条款，但未约定经济补偿，而且用人单位明确表示不支付劳动者竞业限制补偿费的，竞业限制条款对劳动者是否具有约束力？

答：竞业限制条款对劳动者不具有约束力。

依据：《北京市高级人民法院、北京市劳动争议仲裁委员会关于劳动争议案件法律适用问题研讨会会议纪要》八、38

0570 劳动者与用人单位未约定竞业限制期限的，应当如何处理？

答：应由双方协商确定，经协商不能达成一致的，竞业限制期最长不得超过2年。

依据：《北京市高级人民法院、北京市劳动争议仲裁委员会关于劳动争议案件法律适用问题研讨会会议纪要》八、38

0571 用人单位与需要保守商业秘密的劳动者是否可以约定解除劳动合同的提前通知期？

答：可以约定，但提前通知期最长不得超过6个月，在此期间，用人单位可以采取相应的脱密措施。

依据：《北京市劳动合同规定》第18条

0572 用人单位是否有对劳动者进行安全生产卫生教育的义务？

答：有义务。用人单位必须对劳动者进行劳动安全卫生教育，防止劳动过程中发生事故，减少职业危害。

依据：《中华人民共和国劳动法》第 52 条

0573 用人单位是否有为劳动者提供劳动安全卫生条件和必要的劳动防护用品的义务？

答：有义务。用人单位必须为劳动者提供符合国家规定的劳动安全卫生条件和必要的劳动防护用品。

依据：《中华人民共和国劳动法》第 54 条

0574 哪些单位应当为劳动者缴纳工伤保险费？

答：中华人民共和国境内的企业、事业单位、社会团体、民办非企业单位、基金会、律师事务所、会计师事务所等组织和有雇工的个体工商户应当为劳动者依法缴纳工伤保险费。

依据：《工伤保险条例》第 2 条第 1 款

0575 劳动者是否应当缴纳工伤保险费？

答：用人单位应当按时缴纳工伤保险费，劳动者个人不缴纳工伤保险费。

依据：《工伤保险条例》第 10 条第 1 款

0576　劳动者在什么情形下，应当被认定为工伤？

答：劳动者有下列情形之一的，应当认定为工伤：

1. 在工作时间和工作场所内，因工作原因受到事故伤害的；

2. 工作时间前后在工作场所内，从事与工作有关的预备性或者收尾性工作受到事故伤害的；

3. 在工作时间和工作场所内，因履行工作职责受到暴力等意外伤害的；

4. 患职业病的；

5. 因工外出期间，由于工作原因受到伤害或者发生事故下落不明的；

6. 在上下班途中，受到非本人主要责任的交通事故或者城市轨道交通、客运轮渡、火车事故伤害的；

7. 法律、行政法规规定应当认定为工伤的其他情形。

依据：《工伤保险条例》第 14 条

0577　劳动者在什么情形下，视同工伤？

答：劳动者有下列情形之一的，视同工伤：

1. 在工作时间和工作岗位，突发疾病死亡或者在 48 小时之内经抢救无效死亡的；

2. 在抢险救灾等维护国家利益、公共利益活动中受到伤害的；

3. 职工原在军队服役，因战、因公负伤致残，已取得革命伤残军人证，到用人单位后旧伤复发的。

依据：《工伤保险条例》第 15 条第 1 款

0578　劳动者在什么情形下，不得认定为工伤或者视同工伤？

答：劳动者有下列情形之一的，不得认定为工伤或者视同工伤：

1. 故意犯罪的；

2. 醉酒或者吸毒的；

3. 自残或者自杀的。

依据：《工伤保险条例》第 16 条

0579　当事人申请认定工伤的时限？

答：劳动者发生事故伤害或者按照职业病防治法规定被诊断、

鉴定为职业病,所在单位应当自事故伤害发生之日或者被诊断、鉴定为职业病之日起 30 日内,向统筹地区社会保险行政部门提出工伤认定申请。遇有特殊情况,经报社会保险行政部门同意,申请时限可以适当延长。

用人单位未按上述法定时限提出工伤认定申请的,工伤劳动者或者其近亲属、工会组织在事故伤害发生之日或者被诊断、鉴定为职业病之日起 1 年内,可以直接向用人单位所在地统筹地区社会保险行政部门提出工伤认定申请。

依据:《工伤保险条例》第 17 条第 1、2 款

0580 用人单位未在法定时限内申请认定工伤,应当承担什么法律责任?

答:用人单位未在法定时限 30 日内提交工伤认定申请,在此期间发生符合《工伤保险条例》规定的工伤待遇等有关费用,由用人单位负担。

依据:《工伤保险条例》第 17 条第 4 款

0581 工伤认定申请人撤回申请后,是否可以在法定申请时限内再次提出工伤认定申请?

答:可以再次提出工伤认定申请,但劳动保障部门不予受理。

依据:《北京市高级人民法院关于审理工伤认定行政案件若干问题的意见(试行)》4

0582 当事人对是否为工伤存在争议,应当如何承担举证责任?

答:劳动者或者其近亲属认为是工伤,用人单位不认为是工伤的,由用人单位承担举证责任。

依据:《工伤保险条例》第 19 条第 2 款

0583 社会保险行政部门受理工伤认定申请后,作出工伤认定决定的时限?

答:社会保险行政部门应当自受理工伤认定申请之日起 60 日内作出工伤认定的决定,并书面通知申请工伤认定的劳动者或者其近亲属和该劳动者所在单位。

社会保险行政部门对受理的事实清楚、权利义务明确的工伤认定申请，应当在 15 日内作出工伤认定的决定。

依据：《工伤保险条例》第 20 条第 1 款、第 2 款

0584 社会保险行政部门作出工伤认定决定需要以司法机关或者有关行政主管部门的结论为依据的，应当如何处理？

答：在司法机关或者有关行政主管部门尚未作出结论期间，作出工伤认定决定的时限中止。

依据：《工伤保险条例》第 20 条第 3 款

0585 在认定工伤中，劳动者在工作场所内从事与工作有关的准备性或者收尾性工作所需的时间、确因工作需要而加班加点的时间及其他因工作需要的必要工间休息时间，是否应认定为工作时间？

答：应当认定为工作时间。

依据：《北京市高级人民法院关于审理工伤认定行政案件若干问题的意见（试行）》7

0586 在认定工伤中，劳动者因工作原因在工作场所以外从事与职务有关的活动的时间，是否应认定为"因工外出期间"？

答：应认定为"因工外出期间"，但不包括外出游览、娱乐、购物等非工作原因的时间。

依据：《北京市高级人民法院关于审理工伤认定行政案件若干问题的意见（试行）》8 第 1 段

0587 在认定工伤中，劳动者为完成其本职工作或特定工作所涉及的必要相关区域，是否可以认定为"工作场所"？

答：可以认定为"工作场所"，但对"工作场所"的理解，还应根据劳动者的工作职责、工作性质、工作需要等方面综合考虑认定。

依据：《北京市高级人民法院关于审理工伤认定行政案件若干问题的意见（试行）》9

0588 在认定工伤中，劳动者因从事工作而解决必要生理需要时所遭受的事故伤害，以及劳动者为了用人单位的利益在处理重大、紧急情况的活动中、在用人单位组织或安排的与工作有关的活动中受到的事故伤害，是否可以视为"工作原因"？

答：可以视为"工作原因"。

依据：《北京市高级人民法院关于审理工伤认定行政案件若干问题的意见（试行）》10

0589 在认定工伤中，"在上下班途中受到机动车事故伤害"的"途中"是否包括加班加点的上下班的合理路途中？

答：包括加班加点的上下班的合理路途中，可以参照路途的方向、距离的远近及时间因素等综合判断。

依据：《北京市高级人民法院关于审理工伤认定行政案件若干问题的意见（试行）》11

0590 因机动车事故肇事者逃逸或者其他原因，受伤害劳动者不能获得机动车事故赔偿的，应当如何处理？

答：因机动车事故肇事者逃逸或者其他原因，受伤害劳动者不能获得机动车事故赔偿的，经有权机关证明，工伤保险经办机构应按照《工伤保险条例》等相关规定给予工伤保险待遇。

依据：《北京市高级人民法院关于审理工伤认定行政案件若干问题的意见（试行）》12 第3段

0591 劳动者在工作中因他人不服从其履行工作职责的管理行为而受到暴力侵害造成伤害的，是否应认定为工伤？

答：该暴力伤害与履行工作职责具有因果关系的，应认定为工伤。

依据：《北京市劳动和社会保障局关于工伤保险工作若干问题的处理意见》一、（三）

0592 劳动者参加本单位利用工作时间组织的运动会及体育比赛或者代表本单位参加上级单位举办的运动会及体育比赛中受伤，是否应认定为工伤？

答：应认定为工伤。

依据：《北京市劳动和社会保障局关于工伤保险工作若干问题的处理意见》一、（四）

0593 劳动者在工作时间和工作岗位突发疾病死亡或者在48小时之内经抢救无效死亡的，视同工伤，该48小时的起算时间如何计算？

答：应当以医疗机构的初次诊断的时间作为突发疾病的起算时间。

依据：《北京市劳动和社会保障局关于工伤保险工作若干问题的处理意见》一、（五）

0594 劳动者在两个或两个以上用人单位同时就业发生工伤的，应当如何处理？

答：各用人单位应当分别为劳动者缴纳工伤保险费。劳动者发生工伤，由劳动者受到伤害时其工作的单位依法承担工伤保险责任。

依据：《劳动和社会保障部关于实施〈工伤保险条例〉若干问题的意见》一

0595 对于工伤职工旧伤复发是否需要治疗发生争议的，应当如何处理？

答：应当由劳动能力鉴定委员会确认。

依据：《劳动和社会保障部关于实施〈工伤保险条例〉若干问题的意见》七

0596 劳动者对劳动行政部门作出的工伤或者职业病的确认意见不服，应当如何处理？

答：劳动者可以依法提起行政复议或者行政诉讼。

依据：《劳动部关于贯彻执行〈中华人民共和国劳动法〉若干问题的意见》五、80

0597 工伤劳动者申请劳动能力鉴定，包括哪些鉴定项目？

答：劳动能力鉴定是指劳动功能障碍程度和生活自理障碍程度的等级鉴定。劳动功能障碍分为十个伤残等级，最重的为一级，最轻的为十级。生活自理障碍分为三个等级：生活完全不能自理、生活大部分不能自理和生活部分不能自理。

依据：《工伤保险条例》第22条第1、2、3款

0598 劳动能力鉴定委员会收到劳动能力鉴定申请后，作出劳动能力鉴定结论的时限？

答：设区的市级劳动能力鉴定委员会应当自收到劳动能力鉴定申请之日起 60 日内作出劳动能力鉴定结论，必要时，作出劳动能力鉴定结论的期限可以延长 30 日。

依据：《工伤保险条例》第 25 条第 2 款

0599 劳动者被认定患职业病或因工负伤后，对劳动鉴定委员会作出的伤残等级和护理依赖程度鉴定结论不服，应当如何处理？

答：劳动者可以依法提起行政复议或者行政诉讼。

依据：《劳动部关于贯彻执行〈中华人民共和国劳动法〉若干问题的意见》五、81

0600 当事人对设区的市级劳动能力鉴定委员会作出的鉴定结论不服，应当如何处理？

答：当事人可以在收到该鉴定结论之日起 15 日内向省、自治区、直辖市劳动能力鉴定委员会提出再次鉴定申请。省、自治区、直辖市劳动能力鉴定委员会作出的劳动能力鉴定结论为最终结论。

依据：《工伤保险条例》第 26 条

0601 劳动者对劳动能力鉴定结论所依据的医学检查、诊断结果有异议的，应当如何处理？

答：劳动者可以要求复查诊断，复查诊断按各省、自治区和直辖市劳动鉴定委员会规定的程序进行。

依据：《劳动部关于贯彻执行〈中华人民共和国劳动法〉若干问题的意见》五、81

0602 劳动能力鉴定结论作出之日起 1 年后，工伤劳动者或者其近亲属、所在单位或者经办机构认为伤残情况发生变化的，应当如何处理？

答：可以申请劳动能力复查鉴定。

依据：《工伤保险条例》第 28 条

0603 哪些工伤保险待遇，应当由工伤保险基金支付？

答：因工伤发生的下列费用，按照国家规定从工伤保险基金中支付：

1. 治疗工伤的医疗费用和康复费用；

2. 住院伙食补助费；

3. 到统筹地区以外就医的交通食宿费；

4. 安装配置伤残辅助器具所需费用；

5. 生活不能自理的，经劳动能力鉴定委员会确认的生活护理费；

6. 一次性伤残补助金和一至四级伤残职工按月领取的伤残津贴；

7. 终止或者解除劳动合同时，应当享受的一次性医疗补助金；

8. 因工死亡的，其遗属领取的丧葬补助金、供养亲属抚恤金和因工死亡补助金；

9. 劳动能力鉴定费。

依据：《中华人民共和国社会保险法》第 38 条

0604 用人单位已经缴纳了工伤保险费，是否还需要支付工伤劳动者工伤保险待遇？

答：需要支付。因工伤发生的下列费用，按照国家规定由用人单位支付：

1. 治疗工伤期间的工资福利；

2. 五级、六级伤残职工按月领取的伤残津贴；

3. 终止或者解除劳动合同时，应当享受的一次性伤残就业补助金。

依据：《中华人民共和国社会保险法》第 39 条

0605 对于多部位、多组织器官受到伤害的工伤劳动者，应当如何确定停工留薪期？

答：对于多部位、多组织器官受到伤害的，以对应的各停工留薪期中最长的期限作为该工伤劳动者的停工留薪期。

依据：《北京市工伤职工停工留薪期管理办法》第 4 条

0606 工伤劳动者应当如何申请延长停工留薪期？

答：工伤劳动者申请延长停工留薪期的，应在期满前 3 日内向本单位提出书面申请并提交工伤医疗机构出具的休假证明,经用人单位同意后,可以延长停工留薪期。工伤劳动者未在规定的时间内提出延长停工留薪期申请的,停工留薪期到期终止。

依据:《北京市工伤职工停工留薪期管理办法》第8条第1款

0607 工伤劳动者停工留薪期满仍需要继续治疗的,应当如何处理?

答:工伤劳动者停工留薪期满,应当进行劳动能力鉴定,停发停工留薪期待遇。需要继续治疗的,必须有工伤医疗机构的休假证明,其工伤医疗费用予以报销,但不享受停工留薪期待遇。由用人单位发给生活津贴,标准不得低于病假工资。

依据:《北京市工伤职工停工留薪期管理办法》第10条

0608 工伤劳动者在停工留薪期内或者尚未作出劳动能力鉴定结论的,用人单位是否可以解除或者终止劳动合同?

答:用人单位不得与工伤劳动者解除或者终止劳动合同。

依据:《北京市工伤职工停工留薪期管理办法》第12条

0609 工伤劳动者的生活护理,有哪些等级?

答:工伤劳动者的生活护理等级分为:生活完全不能自理、生活大部分不能自理、生活部分不能自理三个等级。

依据:《工伤保险条例》第34条第2款

0610 工伤劳动者享受的生活护理费,有哪些标准?

答:工伤劳动者的生活护理费按照生活完全不能自理、生活大部分不能自理或者生活部分不能自理三个不同等级支付,其标准分别为统筹地区上年度职工月平均工资的50%、40%或者30%。

依据:《工伤保险条例》第34条第2款

0611 《工伤保险条例》规定的"本人工资",应当如何确定?

答:"本人工资"是指工伤劳动者因工作遭受事故伤害或者患职业病前12个月平均月缴费工资。本人工资高于统筹地区职工平均工资300%的,按照统筹地区职工平均工资的300%计算。本人工资低于统筹地区职工平均工资60%的,按照统筹地区职工平均工资的60%计算。

依据:《工伤保险条例》第 64 条第 2 款

> 0612 工伤劳动者享受的一次性伤残补助金,有哪些标准?

答: 一级伤残为 27 个月的本人工资,二级伤残为 25 个月的本人工资,三级伤残为 23 个月的本人工资,四级伤残为 21 个月的本人工资,五级伤残为 18 个月的本人工资,六级伤残为 16 个月的本人工资,七级伤残为 13 个月的本人工资,八级伤残为 11 个月的本人工资,九级伤残为 9 个月的本人工资,十级伤残为 7 个月的本人工资。

依据:《工伤保险条例》第 35 条、第 36 条、第 37 条

> 0613 职工因下落不明被认定为工伤的,核定一次性工亡补助金和丧葬补助金时,应当如何确定计发基数?

答: 职工因下落不明被认定为工伤,经人民法院宣告死亡的,核定一次性工亡补助金和丧葬补助金时,以职工下落不明的上一年度本市职工月平均工资和上一年度全国城镇居民人均可支配收入作为计发基数。

依据:《北京市工伤保险待遇核定支付办法》第 16 条

> 0614 北京市工伤劳动者享受的一次性伤残就业补助金,有哪些标准?

答: 一次性伤残就业补助金标准为解除或者终止劳动关系时 3 个月至 18 个月的北京市上年度职工月平均工资,其中五级 18 个月,六级 15 个月,七级 12 个月,八级 9 个月,九级 6 个月,十级 3 个月。

依据:《关于北京市工伤保险基金支出项目标准及相关问题的通知》五第 1 段

> 0615 北京市劳动者丧葬补助费的标准是多少?

答: 北京市实行丧葬补助费包干使用办法。不分职务级别,将职工丧葬费的开支标准一律调整为 5000 元,发给死亡劳动者家属统筹用于有关装殓(如:服装、整容、遗体存放、运送、火化、骨灰盒、存放埋葬等)和遗体告别(如:租赁礼堂、花圈、遗像放大)等项费用开支。北京市今后不再执行遗体告别费用报销和直系亲属

来京办理丧事路费补助等相关规定。

依据：《北京市财政局、市人事局、市劳动和社会保障局关于调整我市职工丧葬补助费开支标准的通知》一

0616　北京市劳动者丧葬补助费由哪些单位支付？

答：在北京市基本养老保险统筹内按月领取养老金的离退休（含退职、退养）人员的丧葬补助费，由基本养老保险基金支付。

企业在职职工丧葬补助费按规定据实在成本（费用）中列支。

行政事业单位人员的丧葬补助费发放渠道不变。

依据：《北京市财政局、市人事局、市劳动和社会保障局关于调整我市职工丧葬补助费开支标准的通知》二、三、四

0617　因工死亡劳动者的丧葬补助金标准是多少？

答：丧葬补助金为 6 个月的统筹地区上年度职工月平均工资。

依据：《工伤保险条例》第 39 条第 1 款第 1 项

0618　因工死亡劳动者的供养亲属抚恤金标准是多少？

答：供养亲属抚恤金按照劳动者本人工资的一定比例发给由因工死亡劳动者生前提供主要生活来源、无劳动能力的亲属。标准为：配偶每月 40%，其他亲属每人每月 30%，孤寡老人或者孤儿每人每月在上述标准的基础上增加 10%。核定的各供养亲属的抚恤金之和不应高于因工死亡劳动者生前的工资。

依据：《工伤保险条例》第 39 条第 1 款第 2 项

0619　申请供养亲属抚恤金，需要具有哪些条件？

答：依靠因工死亡劳动者生前提供主要生活来源亲属，有下列情形之一的，可按规定申请供养亲属抚恤金：

1. 完全丧失劳动能力的；

2. 因工死亡劳动者配偶男年满 60 周岁、女年满 55 周岁的；

3. 因工死亡劳动者父母男年满 60 周岁、女年满 55 周岁的；

4. 因工死亡劳动者子女未满 18 周岁的；

5. 因工死亡劳动者父母均已死亡，其祖父、外祖父年满 60 周岁，祖母、外祖母年满 55 周岁的；

6. 因工死亡劳动者子女已经死亡或完全丧失劳动能力，其孙子

女、外孙子女未满 18 周岁的；

7. 因工死亡劳动者父母均已死亡或完全丧失劳动能力，其兄弟姐妹未满 18 周岁的。

依据：《因工死亡职工供养亲属范围规定》第 3 条

0620 在哪些情形下，领取抚恤金人员停止享受抚恤金待遇？

答：领取抚恤金人员有下列情形之一的，停止享受抚恤金待遇：

1. 年满 18 周岁且未完全丧失劳动能力的；

2. 就业或参军的；

3. 因工死亡劳动者配偶再婚的；

4. 被他人或组织收养的；

5. 死亡的。

依据：《因工死亡职工供养亲属范围规定》第 4 条

0621 领取抚恤金的人员在被判刑收监执行期间，是否享受抚恤金待遇？

答：应当停止享受抚恤金待遇。刑满释放仍符合领取抚恤金资格的，按规定的标准享受抚恤金。

依据：《因工死亡职工供养亲属范围规定》第 5 条

0622 因工死亡劳动者的一次性因工死亡补助金，标准是多少？

答：一次性因工死亡补助金标准为上一年度全国城镇居民人均可支配收入的 20 倍。

依据：《工伤保险条例》第 39 条第 1 款第 3 项

0623 在北京市，企业劳动者和退休人员因病或非因工死亡后，供养直系亲属是否享受救济费？

答：应当根据供养直系亲属的人数分别给相当于死者本人工资 6 个月、9 个月、12 个月的救济费。"死者本人工资"按死亡时北京市最低工资为标准。

依据：《北京市劳动和社会保障局、北京市财政局关于调整企业职工因病或非因工死亡后供养直系亲属救济费标准的通知》一

0624 因工死亡劳动者的亲属，是否可以要求确认劳动者与用人单位存在劳动关系？

答： 可以要求确认劳动者与用人单位之间存在劳动关系，因工死亡劳动者的亲属的范围包括该职工的配偶、父母、子女、兄弟姐妹、祖父母、外祖父母、孙子女、外孙子女和其他具有扶养、赡养关系的亲属。

依据：《北京市高级人民法院、北京市劳动争议仲裁委员会关于劳动争议案件法律适用问题研讨会会议纪要（二）》二、21

0625 因工死亡劳动者的亲属要求确认劳动者与用人单位存在劳动关系，是否需将全部亲属作为仲裁申请人或者诉讼原告？

答： 因工死亡劳动者的亲属中任何一人均可作为仲裁申请人或诉讼原告。

依据：《北京市高级人民法院、北京市劳动争议仲裁委员会关于劳动争议案件法律适用问题研讨会会议纪要（二）》二、21

0626 涉及因工死亡劳动者赔偿及享受待遇等主张，是否应当由全部亲属作为当事人参加诉讼？

答： 涉及因工死亡劳动者赔偿及享受待遇等主张，应由全部亲属作为当事人参加诉讼。

依据：《北京市高级人民法院、北京市劳动争议仲裁委员会关于劳动争议案件法律适用问题研讨会会议纪要（二）》二、21

0627 劳动者再次发生工伤的，应当如何享受伤残津贴？

答： 劳动者再次发生工伤，根据规定应当享受伤残津贴的，按照新认定的伤残等级享受伤残津贴待遇。

依据：《工伤保险条例》第45条

0628 工伤职工享受的伤残津贴、供养亲属抚恤金、生活护理费，是否适时调整？

答： 工伤职工享受的伤残津贴、供养亲属抚恤金、生活护理费由统筹地区社会保险行政部门根据职工平均工资和生活费用变化等情况适时调整。调整办法由省、自治区、直辖市人民政府规定。

依据：《工伤保险条例》第40条

0629 劳动者在同一用人单位连续工作期间多次发生工伤的，应当如何支付一次性伤残就业补助金和一次性工伤医疗补助金？

答：劳动者在同一用人单位连续工作期间多次发生工伤的，依法按照其在同一用人单位发生工伤的最高伤残级别，计发一次性伤残就业补助金和一次性工伤医疗补助金。

依据：《人力资源和社会保障部关于执行〈工伤保险条例〉若干问题的意见》十

0630 由工伤保险基金支付的各项工伤保险待遇，是否可以将长期待遇改为一次性支付？

答：不得采取将长期待遇改为一次性支付的办法。

依据：《人力资源和社会保障部关于执行〈工伤保险条例〉若干问题的意见》十三

0631 用人单位应当为工伤职工申请办理工伤保险待遇核定手续的时限？

答：用人单位应在接到《工伤认定决定书》或者劳动能力鉴定结论之日起 30 日内到参保地的社保经（代）办机构申请办理工伤保险待遇核定手续。

依据：《北京市工伤保险待遇核定支付办法》第 4 条

0632 工伤劳动者或者其亲属是否可以申请办理工伤保险待遇核定手续？

答：工伤劳动者经劳动能力鉴定委员会鉴定伤残等级达到 1 级至 10 级，或者经区（县）社会保险行政部门认定为因工死亡的，工伤劳动者或者其近亲属应在接到《工伤认定决定书》或者劳动能力鉴定结论之日起 30 日内到参保地的社保经（代）办机构申请办理工伤保险待遇核定手续。

依据：《北京市工伤保险待遇核定支付办法》第 4 条

0633 申请核定工伤劳动者的工伤保险待遇，需要提交哪些证明材料？

答：申请核定工伤保险待遇须携带下列证明材料：

1. 工伤劳动者身份证明；

2. 工伤认定决定书；

3. 劳动能力鉴定结论；

4. 北京市工伤保险待遇核定申请表；

5. 因工死亡的，需提交《居民死亡医学证明书》或其他有法律效力的死亡证明材料；

6. 终止解除劳动关系证明；

7. 跨统筹地区就医审批表；

8. 本市与外省市工伤保险医疗机构和有关单位开（出）具的住院结算单据和统筹地区以外就医的交通食宿费的单（票）据；

9. 需要提交的其他相关证明材料。

依据：《北京市工伤保险待遇核定支付办法》第 5 条

0634 社保经（代）办机构应当完成工伤保险待遇核定手续的时限？

答：对证明材料齐全的，社保经（代）办机构应在 5 个工作日内完成工伤保险待遇核定手续；对证明材料不齐全的，社保经（代）办机构应一次性书面告知需要补正的全部证明材料。

依据：《北京市工伤保险待遇核定支付办法》第 7 条

0635 需以工伤劳动者的本人工资为基数核定工伤保险待遇时，应当如何确定其本人工资？

答：以本人工资为基数核定工伤保险待遇的，本人工资是指劳动者受伤前用人单位为其连续 12 个月缴纳工伤保险费的月平均缴费工资；用人单位缴费不满 12 个月的，以实际缴费月数的缴费工资之和平均计算本人工资。

新参加工作或调转到新的用人单位当月发生工伤事故的，以事故当月的缴费工资作为本人工资。

依据：《北京市工伤保险待遇核定支付办法》第 8 条

0636 北京市退休人员被诊断为职业病的，核定一次性伤残补助金的基数应当如何确定？

答：退休人员被诊断为职业病的，核定一次性伤残补助金时，以本人被诊断为职业病前 12 个月的月平均基本养老金或退休费作为核定一次性伤残补助金的基数，基本养老金或退休费领取不足 12 个月的应与退休前的缴费工资基数一并计算。计算标准低于北京市上一年度职工月平均工资 60% 的，以北京市上一年度职工月平均工资的 60% 为基数。

依据：《北京市工伤保险待遇核定支付办法》第 9 条

0637 工伤职工复查鉴定后伤残等级发生变化的，一次性伤残补助金是否应当重新核定和补发？

答：工伤职工复查鉴定后伤残等级发生变化的，一次性伤残补助金不再重新核定和补发。

依据：《北京市工伤保险待遇核定支付办法》第 10 条

0638 工伤职工或者其近亲属对经办机构核定的工伤保险待遇有异议的，应当如何处理？

答：可以依法申请行政复议，也可以依法向人民法院提起行政诉讼。

依据：《工伤保险条例》第 55 条

0639 劳动者所在用人单位未依法缴纳工伤保险费，发生工伤事故的，应当如何赔偿？

答：由用人单位支付工伤保险待遇。用人单位不支付的，从工伤保险基金中先行支付，从工伤保险基金中先行支付的工伤保险待遇应当由用人单位偿还。

依据：《中华人民共和国社会保险法》第 41 条

0640 由于第三人原因造成工伤，第三人不支付工伤医疗费用或者无法确定第三人的，应当如何赔偿工伤医疗费用？

答：由工伤保险基金先行支付工伤医疗费用，工伤保险基金先行支付工伤医疗费用后，有权向第三人追偿。

依据：《中华人民共和国社会保险法》第 42 条

0641 用人单位实行承包经营期间，劳动者发生工伤的，工伤保险责任应当如何承担？

答：工伤保险责任由劳动者劳动关系所在单位承担。

依据：《工伤保险条例》第 43 条第 2 款

0642　劳动者在被借调期间发生工伤的，工伤保险责任应当如何承担？

答：由原用人单位承担工伤保险责任，但原用人单位与借调单位可以约定补偿办法。

依据：《工伤保险条例》第 43 条第 3 款

0643　具备用工主体资格的承包单位违反法律、法规规定将承包业务转包、分包给不具备用工主体资格的组织或者自然人，该组织或者自然人招用的劳动者从事承包业务时因工伤亡的，应当如何处理？

答：由该承包单位承担用人单位依法应承担的工伤保险责任。

依据：《人力资源和社会保障部关于执行〈工伤保险条例〉若干问题的意见》七

0644　依法享受养老保险待遇的人员、领取退休金的人员、达到法定退休年龄的人员，在为原用人单位或新用人单位工作过程中受伤，应当如何处理？

答：按劳务关系处理，上述人员可依法主张权利。

依据：《北京市高级人民法院、北京市劳动争议仲裁委员会关于劳动争议案件法律适用问题研讨会会议纪要（二）》二、12

0645　因第三人侵权而发生的工伤，如用人单位未为劳动者缴纳工伤保险费，应当如何处理？

答：应当由用人单位依法向劳动者（或直系亲属）支付工伤保险待遇。侵权的第三人已全额给付劳动者（或直系亲属）医疗费、交通费、残疾用具费等需凭相关票据给予一次赔偿的费用，用人单位不必再重复给付。

依据：《北京市高级人民法院、北京市劳动争议仲裁委员会关于劳动争议案件法律适用问题研讨会会议纪要》七、34

0646　农民工在建筑施工过程中发生工伤损害的，应当如何处理？

答：建筑施工企业未为农民工办理工伤社会保险的，对在建筑施工过程中发生工伤损害的农民工承担工伤保险待遇赔偿。建筑施工企业将工程违法分包或非法转包给没有用工主体资格的单位或人员时，农民工不能享受工伤保险待遇时，建筑施工企业对工伤保险待遇赔偿承担连带赔偿责任。

依据：《北京市高级人民法院、北京市劳动争议仲裁委员会关于劳动争议案件法律适用问题研讨会会议纪要（二）》二、19

0647 超过法定退休年龄的农民工在工作期间发生工伤要求确认劳动关系的，应当如何处理？

答：不应支持，属于劳务关系。

依据：《北京市高级人民法院、北京市劳动争议仲裁委员会关于劳动争议案件法律适用问题研讨会会议纪要（二）》五、49

0648 超过法定退休年龄的农民工因无法享受工伤保险待遇，是否可以主张工伤保险待遇赔偿？

答：超过法定退休年龄的农民工因无法享受工伤保险待遇，可以主张工伤保险待遇赔偿。

依据：《北京市高级人民法院、北京市劳动争议仲裁委员会关于劳动争议案件法律适用问题研讨会会议纪要（二）》五、49

0649 超过法定退休年龄的农民工受到第三人侵权，第三人侵权赔偿是否影响其向用人单位主张工伤保险待遇赔偿？

答：不影响农民工向用人单位主张给予工伤保险待遇赔偿。

依据：《北京市高级人民法院、北京市劳动争议仲裁委员会关于劳动争议案件法律适用问题研讨会会议纪要（二）》五、49

0650 童工、离退休人员在工作中遭受事故伤害，是否属于工伤？

答：不属于工伤，童工、离退休人员的合法权益的保护应当通过其他途径进行解决。

依据：《北京市高级人民法院关于审理工伤认定行政案件若干问题的意见（试行）》6

0651 童工在工作中受伤的，应当如何赔偿？

答：童工所在单位应当向伤残童工给予一次性赔偿。一次性赔偿包括受到事故伤害的童工在治疗期间的费用和一次性赔偿金。

童工受到事故伤害，在劳动能力鉴定之前进行治疗期间的生活费按照统筹地区上年度职工月平均工资标准确定，医疗费、护理费、住院期间的伙食补助费以及所需的交通费等费用按照《工伤保险条例》规定的标准和范围确定，并全部由伤残童工所在单位支付。

一次性赔偿金按照以下标准支付：一级伤残的为赔偿基数的 16 倍，二级伤残的为赔偿基数的 14 倍，三级伤残的为赔偿基数的 12 倍，四级伤残的为赔偿基数的 10 倍，五级伤残的为赔偿基数的 8 倍，六级伤残的为赔偿基数的 6 倍，七级伤残的为赔偿基数的 4 倍，八级伤残的为赔偿基数的 3 倍，九级伤残的为赔偿基数的 2 倍，十级伤残的为赔偿基数的 1 倍。赔偿基数，是指单位所在工伤保险统筹地区上年度职工年平均工资。

依据：《非法用工单位伤亡人员一次性赔偿办法》第 2 条、第 3 条、第 4 条、第 5 条

0652 童工受到事故伤害造成死亡的，应当如何赔偿？

答：童工受到事故伤害造成死亡的，童工所在单位应当按照上一年度全国城镇居民人均可支配收入的 20 倍支付一次性赔偿金，并按照上一年度全国城镇居民人均可支配收入的 10 倍一次性支付丧葬补助等其他赔偿金。

依据：《非法用工单位伤亡人员一次性赔偿办法》第 6 条

0653 社会保险行政部门以"用工单位""被挂靠单位"与"因工伤亡职工（人员）"之间无劳动关系为由，作出不予受理工伤认定申请或者决定不予认定工伤产生的纠纷，是否属于行政争议？

答：属于行政争议。

依据：《北京市高级人民法院、北京市劳动人事争议仲裁委员会关于审理劳动争议案件法律适用问题的解答》1 第 3 段

0654 承担工伤保险责任的单位承担赔偿责任或者社会保险经办机构从工伤保险基金支付工伤保险待遇后，向"不具备用工主体资格的组织或者自然人""个人"追偿产生的纠纷，是否属于劳动争议？

答：不属于劳动争议。

依据：《北京市高级人民法院、北京市劳动人事争议仲裁委员会关于审理劳动争议案件法律适用问题的解答》1 第 4 段

0655 生产经营单位是否可以与劳动者订立协议，免除或者减轻其对劳动者因生产安全事故伤亡依法应承担的责任？

答：不可以。生产经营单位不得以任何形式与劳动者订立协议，免除或者减轻其对劳动者因生产安全事故伤亡依法应承担的责任。

依据：《中华人民共和国安全生产法》第 49 条第 2 款

0656 因生产安全事故受到损害的劳动者，除依法享有工伤保险外，是否有权依照有关民事法律要求用人单位赔偿？

答：可以。因生产安全事故受到损害的劳动者，除依法享有工伤保险外，依照有关民事法律尚有获得赔偿的权利的，有权向用人单位提出赔偿要求。

依据：《中华人民共和国安全生产法》第 56 条第 2 款

0657 劳动者获得工伤保险待遇后，又要求用人单位因侵权承担民事赔偿责任的，应当如何处理？

答：劳动者已经获得的工伤保险待遇，应当在用人单位承担民事侵权责任的赔偿数额中扣除。

依据：《2011 年全国民事审判工作会议纪要》六、47 第 3 段

0658 劳动者因工负伤或者患职业病，用人单位是否应当向当地劳动行政部门报告？

答：应当报告。劳动者因工负伤或患职业病，用人单位应按国家和地方政府的规定进行工伤事故报告，或者经职业病论断机构确诊进行职业病报告。用人单位和劳动者有权按规定向当地劳动行政部门报告。

依据：《劳动部关于贯彻执行〈中华人民共和国劳动法〉若干问题的意见》五、79

0659 劳动者因工负伤或患职业病，如果用人单位瞒报、漏报工伤或职业病，应当如何处理？

答：工会、劳动者可以向劳动行政部门报告。经劳动行政部门确认后，用人单位或社会保险基金经办机构应补发工伤保险待遇。

依据：《劳动部关于贯彻执行〈中华人民共和国劳动法〉若干问题的意见》五、79

0660 对从事职业危害作业的劳动者，用人单位是否有定期健康检查的义务？

答：有义务。用人单位对从事有职业危害作业的劳动者应当定期进行健康检查。

依据：《中华人民共和国劳动法》第 54 条

0661 在劳动过程中，用人单位应当采取哪些职业病防治管理措施？

答：用人单位应当采取下列职业病防治管理措施：

1. 设置或者指定职业卫生管理机构或者组织，配备专职或者兼职的职业卫生管理人员，负责本单位的职业病防治工作；

2. 制定职业病防治计划和实施方案；

3. 建立、健全职业卫生管理制度和操作规程；

4. 建立、健全职业卫生档案和劳动者健康监护档案；

5. 建立、健全工作场所职业病危害因素监测及评价制度；

6. 建立、健全职业病危害事故应急救援预案。

依据：《中华人民共和国职业病防治法》第 20 条

0662 劳动者可以选择哪些职业病诊断机构进行诊断？

答：劳动者可以选择用人单位所在地、本人户籍所在地或者经常居住地的职业病诊断机构进行职业病诊断。

依据：《职业病诊断与鉴定管理办法》第 19 条

0663 申请职业病诊断时，应当提交哪些材料？

答：职业病诊断应当提交以下材料：

1. 劳动者职业史和职业病危害接触史（包括在岗时间、工种、岗位、接触的职业病危害因素名称等）；

2. 劳动者职业健康检查结果；

3. 工作场所职业病危害因素检测结果；

4. 职业性放射性疾病诊断还需要个人剂量监测档案等资料。

依据：《职业病诊断与鉴定管理办法》第 21 条

0664 职业病诊断应当综合分析哪些因素？

答：职业病诊断，应当综合分析下列因素：

1. 病人的职业史；

2. 职业病危害接触史和工作场所职业病危害因素情况；

3. 临床表现以及辅助检查结果等。

没有证据否定职业病危害因素与病人临床表现之间的必然联系的，应当诊断为职业病。

依据：《中华人民共和国职业病防治法》第46条第1、2款

0665 在哪些情形下，参与职业病鉴定的专家应当回避？

答：参与职业病鉴定的专家有下列情形之一的，应当回避：

1. 是职业病鉴定当事人或者当事人近亲属的；

2. 已参加当事人职业病诊断或者首次鉴定的；

3. 与职业病鉴定当事人有利害关系的；

4. 与职业病鉴定当事人有其他关系，可能影响公正鉴定的。

依据：《职业病诊断与鉴定管理办法》第42条

0666 当事人对职业病诊断结果有异议的，应当如何处理？

答：可以向作出诊断的医疗卫生机构所在地地方人民政府卫生行政部门申请鉴定。职业病诊断争议由设区的市级以上地方人民政府卫生行政部门根据当事人的申请，组织职业病诊断鉴定委员会进行鉴定。当事人对设区的市级职业病诊断鉴定委员会的鉴定结论不服的，可以向省、自治区、直辖市人民政府卫生行政部门申请再鉴定。

依据：《中华人民共和国职业病防治法》第52条

0667 劳动者所从事工作岗位可能产生职业病的，用人单位是否应当告知劳动者？

答：应当告知。用人单位与劳动者订立劳动合同时，应当将工作过程中可能产生的职业病危害及其后果、职业病防护措施和待遇等如实告知劳动者，并在劳动合同中写明，不得隐瞒或者欺骗。劳动者在已订立劳动合同期间因工作岗位或者工作内容变更，从事与所订立劳动合同中未告知的存在职业病危害的作业时，用人单位应

当向劳动者履行如实告知的义务，并协商变更原劳动合同相关条款。

依据：《中华人民共和国职业病防治法》第33条第1、2款

0668 对从事接触职业病危害作业的劳动者，用人单位是否应组织劳动者进行职业健康检查？

答：用人单位应当按照国务院卫生行政部门的规定组织上岗前、在岗期间和离岗时的职业健康检查，并将检查结果书面告知劳动者。

依据：《中华人民共和国职业病防治法》第35条第1款

0669 未对劳动者进行上岗前职业健康检查，用人单位是否可以安排劳动者从事接触职业病危害的作业？

答：不得安排未经上岗前职业健康检查的劳动者从事接触职业病危害的作业。

依据：《中华人民共和国职业病防治法》第35条第2款

0670 未对劳动者进行离岗前职业健康检查，用人单位可以解除或者终止劳动合同吗？

答：用人单位不得解除或者终止与劳动者的劳动合同。

依据：《中华人民共和国职业病防治法》第35条第2款

0671 对在疑似职业病病人诊断或者医学观察期间，用人单位可以解除或者终止劳动合同吗？

答：用人单位不得解除或者终止与其订立的劳动合同。

依据：《中华人民共和国职业病防治法》第55条第2款

0672 患职业病的劳动者应当享受什么待遇？

答：职业病病人的诊疗、康复费用，伤残以及丧失劳动能力的职业病病人的社会保障，按照国家有关工伤社会保险的规定执行。

依据：《中华人民共和国职业病防治法》第57条

0673 疑似职业病病人在诊断、医学观察期间的费用，应当如何承担？

答：由用人单位承担。

依据：《中华人民共和国职业病防治法》第55条第3款

0674 职业病诊断、鉴定的费用，应当如何承担？

答：由用人单位承担。

依据：《中华人民共和国职业病防治法》第 53 条第 3 款

0675 用人单位未依法为患有职业病的劳动者缴纳工伤保险的，是否应赔偿劳动者医疗和生活保障？

答：患有职业病劳动者的医疗和生活保障由用人单位承担。

依据：《中华人民共和国职业病防治法》第 59 条

0676 是否可以将产生职业病危害的作业转移给不具备职业病防护条件的单位和个人？

答：任何单位和个人不得将产生职业病危害的作业转移给不具备职业病防护条件的单位和个人。不具备职业病防护条件的单位和个人不得接受产生职业病危害的作业。

依据：《中华人民共和国职业病防治法》第 31 条

0677 除享受工伤保险待遇外，患职业病的劳动者是否可以依照有关民事法律要求用人单位赔偿？

答：职业病病人除依法享有工伤社会保险外，依照有关民事法律，尚有获得赔偿的权利的，有权向用人单位提出赔偿要求。

依据：《中华人民共和国职业病防治法》第 58 条

0678 被派遣劳动者发生工伤的，应当如何处理？

答：被派遣劳动者在用工单位因工作遭受事故伤害的，劳务派遣单位应当依法申请工伤认定，用工单位应当协助工伤认定的调查核实工作。劳务派遣单位承担工伤保险责任，但可以与用工单位约定补偿办法。

依据：《劳务派遣暂行规定》第 10 条第 1 款

0679 被派遣劳动者因疑似患职业病进行诊断、鉴定，应当如何处理？

答：被派遣劳动者在申请进行职业病诊断、鉴定时，用工单位应当负责处理职业病诊断、鉴定事宜，并如实提供职业病诊断、鉴定所需的劳动者职业史和职业危害接触史、工作场所职业病危害因素检测结果等资料，劳务派遣单位应当提供被派遣劳动者职业病诊断、鉴定所需的其他材料。

依据：《劳务派遣暂行规定》第 10 条第 2 款

0680 哪些近亲属可以享受《工伤保险条例》规定的因工死亡赔偿待遇？

答： 配偶、父母、子女、兄弟姐妹、祖父母、外祖父母、孙子女、外孙子女和其他具有扶养、赡养关系的亲属。

依据：《北京市高级人民法院、北京市劳动人事争议仲裁委员会关于审理劳动争议案件法律适用问题的解答》26 第 1 段

0681 劳动者在上下班途中遭受交通事故并承担全部责任或者主要责任的，是否属于工伤？

答： 不属于工伤。劳动者在上下班途中，只有受到非本人主要责任的交通事故或者城市轨道交通、客运轮渡、火车事故的伤害的，才应当认定为工伤。

依据：《工伤保险条例》第 14 条第 6 项

0682 劳动者在工作时间突发疾病，是否属于工伤？

答： 劳动者在工作时间和工作岗位，突发疾病死亡或者在 48 小时内经抢救无效死亡的，视同工伤。

依据：《工伤保险条例》第 15 条第 1 款第 1 项

0683 用人单位对工伤劳动者申请延长停工留薪期有异议的，应当如何处理？

答： 用人单位应当在接到延长停工留薪期申请后 7 日内向区、县劳动能力鉴定委员会申请确认，用人单位未提出申请的，视为同意延长停工留薪期。

依据：《北京市工伤职工停工留薪期管理办法》第 8 条第 2 款

0684 工伤劳动者的停工留薪期，应当如何确定？

答： 工伤劳动者应及时将工伤医疗机构出具的诊断证明或者休假证明报送给所在单位。由用人单位根据工伤医疗机构的诊断证明，按照《停工留薪期目录》确定工伤职工的停工留薪期，并书面通知工伤劳动者本人。

依据：《北京市工伤职工停工留薪期管理办法》第 3 条

0685 工伤劳动者享受停工留薪期的期限？

答： 根据医嘱确定，一般不超过 12 个月。如果伤情严重或者有特殊情况的，经设区的市级劳动能力鉴定委员会确认，可以适当延长，但延长不超过 12 个月。

依据：《工伤保险条例》第 33 条第 2 款

0686 工伤劳动者需要护理的，应当如何处理？

答： 在停工留薪期内，生活不能自理的工伤职工需要护理的，由所在单位负责。工伤职工已经评定伤残等级并经劳动能力鉴定委员会确认需要生活护理的，由工伤保险基金按月支付生活护理费。

依据：《工伤保险条例》第 33 条第 3 款、第 34 条第 1 款

0687 工伤劳动者伤残鉴定为一级至四级的，应当享受哪些工伤保险待遇？

答： 劳动者因工致残被鉴定为一级至四级伤残的，保留劳动关系，退出工作岗位，享受以下待遇：

1. 从工伤保险基金按伤残等级支付一次性伤残补助金，标准为：一级伤残为 27 个月的本人工资，二级伤残为 25 个月的本人工资，三级伤残为 23 个月的本人工资，四级伤残为 21 个月的本人工资。

2. 从工伤保险基金按月支付伤残津贴，标准为：一级伤残为本人工资的 90%，二级伤残为本人工资的 85%，三级伤残为本人工资的 80%，四级伤残为本人工资的 75%。伤残津贴实际金额低于当地最低工资标准的，由工伤保险基金补足差额。

3. 工伤职工达到退休年龄并办理退休手续后，停发伤残津贴，按照国家有关规定享受基本养老保险待遇。基本养老保险待遇低于伤残津贴的，由工伤保险基金补足差额。

依据：《工伤保险条例》第 35 条第 1 款

0688 工伤劳动者伤残鉴定为五级、六级的，应当享受哪些工伤保险待遇？

答： 劳动者因工致残被鉴定为五级、六级伤残的，享受以下待遇：

1. 从工伤保险基金按伤残等级支付一次性伤残补助金，标准为：五级伤残为 18 个月的本人工资，六级伤残为 16 个月的本人工资。

2. 保留与用人单位的劳动关系，由用人单位安排适当工作。难以安排工作的，由用人单位按月发给伤残津贴，标准为：五级伤残为本人工资的 70%，六级伤残为本人工资的 60%，并由用人单位按照规定为其缴纳应缴纳的各项社会保险费。伤残津贴实际金额低于当地最低工资标准的，由用人单位补足差额。

3. 工伤劳动者可以与用人单位解除或者终止劳动关系，由工伤保险基金支付一次性工伤医疗补助金，由用人单位支付一次性伤残就业补助金。

依据：《工伤保险条例》第 36 条

0689 工伤劳动者伤残鉴定为七级至十级的，应当享受哪些工伤保险待遇？

答：劳动者因工致残被鉴定为七级至十级伤残的，享受以下待遇：

1. 从工伤保险基金按伤残等级支付一次性伤残补助金，标准为：七级伤残为 13 个月的本人工资，八级伤残为 11 个月的本人工资，九级伤残为 9 个月的本人工资，十级伤残为 7 个月的本人工资。

2. 劳动合同终止或解除的，由工伤保险基金支付一次性工伤医疗补助金，由用人单位支付一次性伤残就业补助金。一次性工伤医疗补助金和一次性伤残就业补助金的具体标准由省、自治区、直辖市人民政府规定。

依据：《工伤保险条例》第 37 条

0690 劳动者因工死亡的，其近亲属可以享受哪些待遇？

答：劳动者的近亲属按照下列规定从工伤保险基金领取丧葬补助金、供养亲属抚恤金和一次性工亡补助金：

1. 丧葬补助金为 6 个月的统筹地区上年度职工月平均工资。

2. 供养亲属抚恤金按照劳动者本人工资的一定比例发给由因工死亡职工生前提供主要生活来源、无劳动能力的亲属。标准为：配偶每月 40%，其他亲属每人每月 30%，孤寡老人或者孤儿每人每月在上述标准的基础上增加10%。核定的各供养亲属的抚恤金之和不应高于因工死亡劳动者生前的工资。供养亲属的具体范围由国务院社会保险行政部门规定。

3. 一次性工亡补助金标准为上一年度全国城镇居民人均可支配收入的20倍。

依据：《工伤保险条例》第39条第1款

0691 伤残劳动者在停工留薪期内因工伤导致死亡的，其近亲属应当享受什么待遇？

答：劳动者的近亲属按照下列规定从工伤保险基金领取丧葬补助金、供养亲属抚恤金和一次性工亡补助金：

1. 丧葬补助金为6个月的统筹地区上年度职工月平均工资。

2. 供养亲属抚恤金按照劳动者本人工资的一定比例发给由因工死亡职工生前提供主要生活来源、无劳动能力的亲属。标准为：配偶每月40%，其他亲属每人每月30%，孤寡老人或者孤儿每人每月在上述标准的基础上增加10%。核定的各供养亲属的抚恤金之和不应高于因工死亡劳动者生前的工资。供养亲属的具体范围由国务院社会保险行政部门规定。

3. 一次性因工死亡补助金标准为上一年度全国城镇居民人均可支配收入的20倍。

依据：《工伤保险条例》第39条第1、2款

0692 伤残劳动者在停工留薪期满后死亡的，应当享受什么待遇？

答：劳动者的近亲属按照下列规定从工伤保险基金领取丧葬补助金、供养亲属抚恤金：

1. 丧葬补助金为6个月的统筹地区上年度职工月平均工资。

2. 供养亲属抚恤金按照劳动者本人工资的一定比例发给由因工死亡职工生前提供主要生活来源、无劳动能力的亲属。标准为：配偶每月40%，其他亲属每人每月30%，孤寡老人或者孤儿每人每月在上述标准的基础上增加10%。核定的各供养亲属的抚恤金之和不应高于因工死亡劳动者生前的工资。供养亲属的具体范围由国务院

社会保险行政部门规定。

依据：《工伤保险条例》第 39 条第 3 款

0693 在什么情形下，工伤劳动者停止享受工伤保险待遇？

答：工伤劳动者有下列情形之一的，停止享受工伤保险待遇：

1. 丧失享受待遇条件的；

2. 拒不接受劳动能力鉴定的；

3. 拒绝治疗的。

依据：《工伤保险条例》第 42 条

劳动仲裁与诉讼

0694 用人单位与劳动者发生劳动争议，可以通过哪些途径解决？

答：当事人可以依法申请调解、仲裁、提起诉讼，也可以协商解决。

依据：《中华人民共和国劳动法》第 77 条第 1 款

0695 劳动者与用人单位发生劳动争议，是否可以直接向人民法院提起诉讼？

答：不可以。当事人一方可以向劳动人事争议仲裁委员会申请劳动仲裁，对仲裁裁决不服的，可以向人民法院提起诉讼。

依据：《中华人民共和国劳动法》第 79 条

0696 哪些劳动争议适用《中华人民共和国劳动争议调解仲裁法》？

答：中华人民共和国境内的用人单位与劳动者发生的下列劳动争议，适用《中华人民共和国劳动争议调解仲裁法》：

1. 因确认劳动关系发生的争议；

2. 因订立、履行、变更、解除和终止劳动合同发生的争议；

3. 因除名、辞退和辞职、离职发生的争议；

4. 因工作时间、休息休假、社会保险、福利、培训以及劳动保护发生的争议；

5. 因劳动报酬、工伤医疗费、经济补偿或者赔偿金等发生的争议；

6. 法律、法规规定的其他劳动争议。

依据：《中华人民共和国劳动争议调解仲裁法》第2条

0697　《劳动人事争议仲裁办案规则》适用于哪些争议的仲裁？

答：《劳动人事争议仲裁办案规则》适用于下列争议的仲裁：

1. 企业、个体经济组织、民办非企业单位等组织与劳动者之间，以及机关、事业单位、社会团体与其建立劳动关系的劳动者之间，因确认劳动关系，订立、履行、变更、解除和终止劳动合同，工作时间、休息休假、社会保险、福利、培训以及劳动保护，劳动报酬、工伤医疗费、经济补偿或者赔偿金等发生的争议；

2. 适用公务员法的机关与聘任制公务员之间、参照公务员法管理的机关（单位）与聘任工作人员之间因履行聘任合同发生的争议；

3. 事业单位与其建立人事关系的工作人员之间因终止人事关系以及履行聘用合同发生的争议；

4. 社会团体与其建立人事关系的工作人员之间因终止人事关系以及履行聘用合同发生的争议；

5. 军队文职人员用人单位与聘用制文职人员之间因履行聘用合同发生的争议；

6. 法律、法规规定由劳动人事争议仲裁委员会处理的其他争议。

依据：《劳动人事争议仲裁办案规则》第2条

0698　劳动争议仲裁委员会由哪些人员组成？

答：由劳动行政部门代表、同级工会代表、用人单位方面的代表组成，劳动争议仲裁委员会主任由劳动行政部门代表担任。

依据：《中华人民共和国劳动法》第81条

0699　下列纠纷是否属于劳动争议？

1. 劳动者请求社会保险经办机构发放社会保险金的纠纷；

2. 劳动者与用人单位因住房制度改革产生的公有住房转让纠纷；

3. 劳动者对劳动能力鉴定委员会的伤残等级鉴定结论或者对职业病诊断鉴定委员会的职业病诊断鉴定结论的异议纠纷；

4. 家庭或者个人与家政服务人员之间的纠纷；

5. 个体工匠与帮工、学徒之间的纠纷；

6. 农村承包经营户与受雇人之间的纠纷。

答：不属于劳动争议。

依据：《最高人民法院关于审理劳动争议案件适用法律问题的解释（一）》第2条

0700 劳动者与用人单位因住房公积金的缴纳发生争议，是否属于劳动争议？

答：不属于劳动争议。

依据：《北京市高级人民法院、北京市劳动争议仲裁委员会关于劳动争议案件法律适用问题研讨会会议纪要》一、3

0701 劳动者与用人单位因办理退休手续发生争议，是否属于劳动争议？

答：不属于劳动争议。

依据：《北京市高级人民法院、北京市劳动争议仲裁委员会关于劳动争议案件法律适用问题研讨会会议纪要》一、3

0702 劳动者退休后，与尚未参加社会保险统筹的原用人单位因追索养老金、医疗费、工伤保险待遇和其他社会保险费而发生的纠纷，是否属于劳动争议？

答：属于劳动争议。

依据：《最高人民法院关于审理劳动争议案件适用法律问题的解释（一）》第1条第6项

0703 劳务派遣单位与用工单位之间基于《劳务派遣协议》而产生的纠纷，是否为劳动争议？

答：不属于劳动争议。

依据：《北京市高级人民法院、北京市劳动争议仲裁委员会关于劳动争议案件法律适用问题研讨会会议纪要（二）》一、8

0704 劳动争议案件，应当如何确定案件管辖？

答：劳动争议仲裁委员会负责管辖本区域内发生的劳动争议。劳动争议由劳动合同履行地或者用人单位所在地的劳动争议仲裁委员会管辖。

依据：《中华人民共和国劳动争议调解仲裁法》第 21 条第 2 款

0705 劳动争议纠纷案件受理后，劳动合同履行地或者用人单位所在地发生变化的，是否改变争议仲裁的管辖？

答：不改变争议仲裁的管辖。

依据：《劳动人事争议仲裁办案规则》第 8 条第 3 款

0706 双方当事人分别向劳动合同履行地和用人单位所在地的仲裁委员会申请仲裁的，如何确定管辖？

答：由劳动合同履行地的仲裁委员会管辖。

依据：《劳动人事争议仲裁办案规则》第 8 条第 2 款

0707 有多个劳动合同履行地的，应当如何确定管辖？

答：由最先受理的劳动争议仲裁委员会管辖。

依据：《劳动人事争议仲裁办案规则》第 8 条第 2 款

0708 劳动合同履行地不明确的，应当如何确定管辖？

答：由用人单位所在地的劳动争议仲裁委员会管辖。

依据：《劳动人事争议仲裁办案规则》第 8 条第 2 款

0709 劳动争议当事人提出管辖异议的，应当在何时提出？

答：应当在答辩期满前书面提出。当事人逾期提出的，不影响仲裁程序的进行。

依据：《劳动人事争议仲裁办案规则》第 10 条

0710 对劳动争议当事人提出的管辖异议，劳动人事争议仲裁委员会应当如何处理？

答：劳动争议仲裁委员会应当审查当事人提出的管辖异议，异议成立的，将案件移送至有管辖权的劳动争议仲裁委员会并书面通知当事人。异议不成立的，应当书面决定驳回。

依据：《劳动人事争议仲裁办案规则》第 10 条第 1 款

0711 劳动争议当事人申请回避，应当在何时提出？

答：应当在案件开庭审理前提出，并说明理由。回避事由在案件开庭审理后知晓的，也可以在庭审辩论终结前提出。当事人在庭审辩论终结后提出回避申请的，不影响仲裁程序的进行。

依据:《劳动人事争议仲裁办案规则》第 11 条第 1、2 款

0712 对劳动争议当事人提出的回避申请,劳动争议仲裁委员会应当如何处理?

答: 劳动争议仲裁委员会应当在回避申请提出的 3 日内,以口头或者书面形式作出决定。以口头形式作出的,应当记入笔录。

依据:《劳动人事争议仲裁办案规则》第 11 条第 3 款

0713 法律没有具体规定、又无法依法确定举证责任承担的,应当如何处理?

答: 仲裁庭可以根据公平原则和诚实信用原则,综合当事人举证能力等因素确定举证责任的承担。

依据:《劳动人事争议仲裁办案规则》第 14 条

0714 承担举证责任的当事人,是否可以申请延长举证期限?

答: 承担举证责任的当事人在劳动争议仲裁委员会指定的期限内提供证据确有困难的,可以向劳动争议仲裁委员会申请延长举证期限,劳动争议仲裁委员会根据当事人的申请适当延长。

依据:《劳动人事争议仲裁办案规则》第 15 条

0715 当事人因客观原因不能自行收集到证据的,是否可以申请劳动争议仲裁委员会调查取证?

答: 可以。劳动争议仲裁委员会可以根据当事人的申请,参照民事诉讼有关规定予以收集。劳动争议仲裁委员会认为有必要的,也可以决定参照民事诉讼有关规定予以收集。

依据:《劳动人事争议仲裁办案规则》第 16 条

0716 因企业停业等原因导致仲裁文书无法送达且劳动者一方在 10 人以上的,或者受送达人拒绝签收仲裁文书的,应当如何送达仲裁文书?

答: 劳动争议仲裁委员会可以通过在受送达人住所留置、张贴仲裁文书,并采用拍照、录像等方式记录的,自留置、张贴之日起经过 3 日即视为送达。

依据:《劳动人事争议仲裁办案规则》第 20 条第 2 款

0717 当事人是否可以查阅、复制劳动仲裁案件的案卷材料？

答：劳动争议仲裁委员会应当建立案卷查阅制度。对案卷正卷材料，应当允许当事人及其代理人依法查阅、复制。

依据：《劳动人事争议仲裁办案规则》第 23 条

0718 劳动争议仲裁委员会受理案件后，发现不应当受理的，应当如何处理？

答：劳动争议仲裁委员会受理案件后，发现不应当受理的，除因无管辖权依法需要移送的案件外，应当撤销案件，并自决定撤销案件后 5 日内，以决定书的形式通知当事人。

依据：《劳动人事争议仲裁办案规则》第 32 条

0719 劳动争议申请人可以撤回仲裁申请吗？

答：劳动仲裁处理结果作出前，申请人可以自行撤回仲裁申请。申请人再次申请仲裁的，仲裁委员会应当受理。

依据：《劳动人事争议仲裁办案规则》第 35 条

0720 劳动争议被申请人提出反申请的，应当在何时提出？

答：被申请人可以在答辩期间提出反申请，被申请人答辩期满后对申请人提出反申请的，应当另行申请仲裁。

依据：《劳动人事争议仲裁办案规则》第 36 条第 1、4 款

0721 劳动争议当事人是否可以申请延期开庭？

答：当事人有正当理由的，可以在开庭 3 日前请求延期开庭。是否延期，由劳动争议仲裁委员会根据实际情况决定。

依据：《劳动人事争议仲裁办案规则》第 38 条

0722 劳动争议申请人收到书面开庭通知，无正当理由拒不到庭或者未经仲裁庭同意中途退庭，劳动争议仲裁委员会按撤回仲裁申请处理后，申请人又重新申请仲裁的，应当如何处理？

答：劳动争议仲裁委员会不予受理。

依据：《劳动人事争议仲裁办案规则》第 39 条

0723 劳动争议当事人申请鉴定的鉴定费，应当如何负担？

答：当事人申请鉴定的，鉴定费由申请鉴定方先行垫付，案件

处理终结后，由鉴定结果对其不利方负担。鉴定结果不明确的，由申请鉴定方负担。

依据：《劳动人事争议仲裁办案规则》第 40 条

0724 劳动争议申请人提出增加或者变更仲裁请求，应当在何时提出？

答：申请人在举证期限届满前可以提出增加或者变更仲裁请求。申请人在举证期限届满后提出增加或者变更仲裁请求的，应当另行申请仲裁。

依据：《劳动人事争议仲裁办案规则》第 44 条

0725 劳动争议案件的仲裁期限，应当如何计算？

答：有下列情形的，仲裁期限按照下列规定计算：

1. 仲裁庭追加当事人或者第三人的，仲裁期限从决定追加之日起重新计算；

2. 申请人需要补正材料的，仲裁委员会收到仲裁申请的时间从材料补正之日起重新计算；

3. 增加、变更仲裁请求的，仲裁期限从受理增加、变更仲裁请求之日起重新计算；

4. 仲裁申请和反申请合并处理的，仲裁期限从受理反申请之日起重新计算；

5. 案件移送管辖的，仲裁期限从接受移送之日起重新计算；

6. 中止审理期间、公告送达期间不计入仲裁期限内；

7. 法律、法规规定应当另行计算的其他情形。

依据：《劳动人事争议仲裁办案规则》第 46 条

0726 在什么情形下，劳动人事争议纠纷案件可以中止案件审理？

答：有下列情形之一的，经劳动争议仲裁委员会主任或者其委托的仲裁庭负责人批准，可以中止案件审理，并书面通知当事人：

1. 劳动者一方当事人死亡，需要等待继承人表明是否参加仲裁的；

2. 劳动者一方当事人丧失民事行为能力，尚未确定法定代理人参加仲裁的；

3. 用人单位终止，尚未确定权利义务承继者的；

4. 一方当事人因不可抗拒的事由，不能参加仲裁的；

5. 案件审理需要以其他案件的审理结果为依据，且其他案件尚未审结的；

6. 案件处理需要等待工伤认定、伤残等级鉴定以及其他鉴定结论的；

7. 其他应当中止仲裁审理的情形。

中止审理的情形消除后，仲裁庭应当恢复审理。

依据：《劳动人事争议仲裁办案规则》第 47 条

0727　劳动争议当事人因仲裁庭逾期未作出仲裁裁决而向人民法院提起诉讼，劳动争议仲裁委员会应当如何处理？

答：当事人因仲裁庭逾期未作出仲裁裁决而向人民法院提起诉讼并立案受理的，劳动争议仲裁委员会应当决定该案件终止审理；当事人未就该争议事项向人民法院提起诉讼的，劳动争议仲裁委员会应当继续处理。

依据：《劳动人事争议仲裁办案规则》第 48 条

0728　对裁决书中的文字、计算错误或者仲裁庭已经裁决但在裁决书中遗漏的事项，应当如何处理？

答：仲裁庭应当及时制作决定书予以补正，并送达当事人。

依据：《劳动人事争议仲裁办案规则》第 54 条

0729　哪些劳动人事争议案件，可以简易处理？

答：劳动人事争议争议案件符合下列情形之一的，可以简易处理：

1. 事实清楚、权利义务关系明确、争议不大的；

2. 标的额不超过本省、自治区、直辖市上年度职工年平均工资的；

3. 双方当事人同意简易处理的。

劳动争议仲裁委员会决定简易处理的，可以指定 1 名仲裁员独任仲裁，并应当告知当事人。

依据：《劳动人事争议仲裁办案规则》第 56 条

0730 哪些劳动人事争议案件，不得简易处理？

答：劳动人事争议案件有下列情形之一的，不得简易处理：

1. 涉及国家利益、社会公共利益的；

2. 有重大社会影响的；

3. 被申请人下落不明的；

4. 劳动争议仲裁委员会认为不宜简易处理的。

依据：《劳动人事争议仲裁办案规则》第 57 条

0731 劳动争议案件的答辩期是否可以缩短或者取消？

答：简易处理的案件，经与被申请人协商同意，仲裁庭可以缩短或者取消答辩期。

依据：《劳动人事争议仲裁办案规则》第 58 条

0732 简易处理的劳动人事争议案件，应当如何送达仲裁文书？

答：仲裁庭可以用电话、短信、传真、电子邮件等简便方式送达仲裁文书，但送达调解书、裁决书除外。

依据：《劳动人事争议仲裁办案规则》第 59 条第 1 款

0733 发生劳动者一方在 10 人以上并有共同请求的争议的，劳动者应当如何参加仲裁活动？

答：劳动者可以推举 3 名至 5 名代表参加仲裁活动。代表人参加仲裁的行为对其所代表的当事人发生效力，但代表人变更、放弃仲裁请求或者承认对方当事人的仲裁请求，进行和解，必须经被代表的当事人同意。

依据：《劳动人事争议仲裁办案规则》第 63 条第 1 款

0734 劳动争议仲裁委员会处理集体劳动人事争议案件，应当如何组成仲裁庭？

答：应当由 3 名仲裁员组成仲裁庭，设首席仲裁员。

依据：《劳动人事争议仲裁办案规则》第 65 条第 1 款

0735 劳动争议案件的调解书送达前，一方当事人反悔的，应当如何处理？

答：调解书经双方当事人签收后，发生法律效力。调解不成或者调解书送达前，一方当事人反悔的，仲裁庭应当及时作出裁决。

依据：《劳动人事争议仲裁办案规则》第 72 条第 2、3 款

0736 经调解组织调解达成调解协议的，双方当事人是否可以申请仲裁审查？

答：双方当事人可以自调解协议生效之日起 15 日内，共同向有管辖权的仲裁委员会提出仲裁审查申请。

依据：《劳动人事争议仲裁办案规则》第 74 条第 1 款

0737 哪些情形下，劳动争议仲裁委员会不受理当事人提出的仲裁审查申请？

答：有下列情形之一的，仲裁委员会不予受理：

1. 不属于仲裁委员会受理争议范围的；
2. 不属本仲裁委员会管辖的；
3. 超出规定的仲裁审查申请期间的；
4. 确认劳动关系的；
5. 调解协议已经人民法院司法确认的。

依据：《劳动人事争议仲裁办案规则》第 75 条第 2 款

0738 劳动争议仲裁委员会审查调解协议的时限？

答：劳动争议仲裁委员会审查调解协议，应当自受理仲裁审查申请之日起 5 日内结束。因特殊情况需要延期的，经仲裁委员会主任或者其委托的仲裁院负责人批准，可以延长 5 日。

依据：《劳动人事争议仲裁办案规则》第 76 条第 1 款

0739 劳动争议仲裁委员会受理仲裁审查申请后，应当如何审查？

答：劳动争议仲裁委员会受理仲裁审查申请后，应当指定仲裁员对调解协议进行审查。劳动争议仲裁委员会经审查认为调解协议的形式和内容合法有效的，应当制作调解书。调解书的内容应当与调解协议的内容相一致。调解书经双方当事人签收后，发生法律

效力。

依据：《劳动人事争议仲裁办案规则》第 77 条

0740 ▶ 调解协议具有哪些情形，劳动争议仲裁委员会不予制作调解书？

答：调解协议具有下列情形之一的，劳动争议仲裁委员会不予制作调解书：

1. 违反法律、行政法规强制性规定的；

2. 损害国家利益、社会公共利益或者公民、法人、其他组织合法权益的；

3. 当事人提供证据材料有弄虚作假嫌疑的；

4. 违反自愿原则的；

5. 内容不明确的；

6. 其他不能制作调解书的情形。

劳动争议仲裁委员会决定不予制作调解书的，应当书面通知当事人。

依据：《劳动人事争议仲裁办案规则》第 78 条

0741 ▶ 申请人收到书面通知，无正当理由拒不到庭或者未经仲裁庭同意中途退庭的，应当如何处理？

答：可以视为申请人撤回仲裁申请。

依据：《中华人民共和国劳动争议调解仲裁法》第 36 条第 1 款

0742 ▶ 被申请人收到书面通知，无正当理由拒不到庭或者未经仲裁庭同意中途退庭的，应当如何处理？

答：可以缺席裁决。

依据：《中华人民共和国劳动争议调解仲裁法》第 36 条第 2 款

0743 ▶ 劳动者无法提供由用人单位掌握管理的与仲裁请求有关的证据，应当如何处理？

答：仲裁庭可以要求用人单位在指定期限内提供，用人单位在指定期限内不提供的，应当承担不利后果。

依据：《中华人民共和国劳动争议调解仲裁法》第 39 条第 2 款

0744　仲裁庭审理劳动争议案件的时限？

答：仲裁庭裁决劳动争议案件，应当自劳动争议仲裁委员会受理仲裁申请之日起 45 日内结束。案情复杂需要延期的，经劳动争议仲裁委员会主任批准，可以延期并书面通知当事人，但是延长期限不得超过 15 日。

依据：《中华人民共和国劳动争议调解仲裁法》第 43 条第 1 款

0745　仲裁庭裁决劳动争议案件时，是否可以对事实清楚的部分先行裁决？

答：可以。仲裁庭裁决劳动争议案件时，其中一部分事实已经清楚，可以就该部分先行裁决。

依据：《中华人民共和国劳动争议调解仲裁法》第 43 条第 2 款

0746　对哪些案件，仲裁庭可以裁决先予执行？

答：仲裁庭对追索劳动报酬、工伤医疗费、经济补偿或者赔偿金的案件，根据当事人的申请，可以裁决先予执行，移送人民法院执行。仲裁庭裁决先予执行的，应当符合下列条件：

1. 当事人之间权利义务关系明确；

2. 不先予执行将严重影响申请人的生活。

依据：《中华人民共和国劳动争议调解仲裁法》第 44 条第 1、2 款

0747　劳动者申请先予执行的劳动争议案件，是否应当提供担保？

答：可以不提供担保。

依据：《中华人民共和国劳动争议调解仲裁法》第 44 条第 3 款

0748　当事人对发生法律效力的调解书、裁决书逾期不履行的，应当如何处理？

答：一方当事人逾期不履行的，另一方当事人可以依照民事诉讼法的有关规定向人民法院申请执行。

依据：《中华人民共和国劳动争议调解仲裁法》第 51 条

0749　如何确定劳动争议案件的管辖法院？

答：劳动争议案件由用人单位所在地或者劳动合同履行地的基

层人民法院管辖。

依据：《最高人民法院关于审理劳动争议案件适用法律问题的解释（一）》第 3 条第 1 款

0750 劳动合同履行地不明确，应当如何确定劳动争议案件的管辖法院？

答：由用人单位所在地的基层人民法院管辖。

依据：《最高人民法院关于审理劳动争议案件适用法律问题的解释（一）》第 3 条第 2 款

0751 劳动争议仲裁委员会以无管辖权为由对劳动争议案件不予受理，当事人提起诉讼的，人民法院应当如何处理？

答：人民法院按照以下情形分别处理：

1. 经审查认为该劳动争议仲裁委员会对案件确无管辖权的，应当告知当事人向有管辖权的劳动争议仲裁委员会申请仲裁；

2. 经审查认为该劳动争议仲裁委员会有管辖权的，应当告知当事人申请仲裁，并将审查意见书面通知该劳动争议仲裁委员会，劳动争议仲裁机构仍不受理，当事人就该劳动争议事项提起诉讼的，应予受理。

依据：《最高人民法院关于审理劳动争议案件适用法律问题的解释（一）》第 5 条

0752 劳动争议申请仲裁的时效期间？

答：时效期间为 1 年。仲裁时效期间从当事人知道或者应当知道其权利被侵害之日起计算。劳动关系存续期间因拖欠劳动报酬发生争议的，劳动者申请仲裁不受 1 年仲裁时效期间的限制。但是，劳动关系终止的，应当自劳动关系终止之日起 1 年内提出。

依据：《中华人民共和国劳动争议调解仲裁法》第 27 条第 1、4 款

0753 申请劳动仲裁的时效，是否可以中断？

答：可以中断。因当事人一方向对方当事人主张权利，或者向有关部门请求权利救济，或者对方当事人同意履行义务而中断。从中断时起，仲裁时效期间重新计算。

依据：《中华人民共和国劳动争议调解仲裁法》第 27 条第 2 款

0754 申请劳动仲裁的时效，是否可以中止？

答：可以中止。因不可抗力或者有其他正当理由，当事人不能在1年的仲裁时效期间申请仲裁的，仲裁时效中止。从中止时效的原因消除之日起，仲裁时效期间继续计算。

依据：《中华人民共和国劳动争议调解仲裁法》第27条第3款

0755 劳动关系存续期间因拖欠劳动报酬发生争议的，劳动者申请仲裁是否受1年仲裁时效期间的限制？

答：不受1年仲裁时效期间的限制，但双方劳动关系终止的，应当自劳动关系终止之日起1年内提出。

依据：《中华人民共和国劳动争议调解仲裁法》第27条第4款

0756 哪些劳动争议案件的仲裁裁决为终局裁决？

答：下列劳动争议，除《中华人民共和国劳动争议调解仲裁法》另有规定的外，仲裁裁决为终局裁决，裁决书自作出之日起发生法律效力：

1. 追索劳动报酬、工伤医疗费、经济补偿或者赔偿金，不超过当地月最低工资标准12个月金额的争议；

2. 因执行国家的劳动标准在工作时间、休息休假、社会保险等方面发生的争议。

依据：《中华人民共和国劳动争议调解仲裁法》第47条

0757 劳动者追索劳动报酬、工伤医疗费、经济补偿或者赔偿金，如果仲裁裁决涉及数项，每项确定的数额均不超过当地月最低工资标准12个月金额的，是否应当按照终局裁决处理？

答：应当按照终局裁决处理。

依据：《最高人民法院关于审理劳动争议案件适用法律问题的解释（一）》第19条

0758 劳动者对劳动争议案件的终局仲裁裁决不服，应当如何处理？

答：劳动者可以自收到仲裁裁决书之日起15日内，向人民法院提起诉讼。

依据：《中华人民共和国劳动争议调解仲裁法》第48条

0759 用人单位对终局仲裁裁决不服，应当如何处理？

答：用人单位有证据证明终局仲裁裁决有下列情形之一，可以自收到仲裁裁决书之日起 30 日内向劳动争议仲裁委员会所在地的中级人民法院申请撤销裁决：

1. 适用法律、法规确有错误的；

2. 劳动争议仲裁委员会无管辖权的；

3. 违反法定程序的；

4. 裁决所根据的证据是伪造的；

5. 对方当事人隐瞒了足以影响公正裁决的证据的；

6. 仲裁员在仲裁该案时有索贿受贿、徇私舞弊、枉法裁决行为的。

依据：《中华人民共和国劳动争议调解仲裁法》第 49 条第 1 款

0760 劳动争议案件的终局仲裁裁决被人民法院裁定撤销的，应当如何处理？

答：当事人可以自收到人民法院裁定书之日起 15 日内就该劳动争议事项向人民法院提起诉讼。

依据：《中华人民共和国劳动争议调解仲裁法》第 49 条第 3 款

0761 当事人对终局仲裁裁决以外的其他劳动争议案件的仲裁裁决不服的，应当如何处理？

答：当事人可以自收到仲裁裁决书之日起 15 日内向人民法院提起诉讼。期满不起诉的，裁决书发生法律效力。

依据：《中华人民共和国劳动争议调解仲裁法》第 50 条

0762 劳动争议仲裁委员会作出的同一仲裁裁决同时包含终局裁决事项和非终局裁决事项，当事人不服该仲裁裁决向人民法院提起诉讼的，应当如何处理？

答：应当按照非终局裁决处理。

依据：《最高人民法院关于审理劳动争议案件适用法律问题的解释（一）》第 20 条

0763 劳动者不服终局仲裁裁决向基层人民法院提起诉讼，用人单位不服终局仲裁裁决向劳动争议仲裁委员会所在地的中级人民法院申请撤销仲裁裁决的，应当如何处理？

答：中级人民法院应不予受理。已经受理的，应当裁定驳回申请。

依据：《最高人民法院关于审理劳动争议案件适用法律问题的解释（一）》第21条第1款

0764 用人单位不服终局仲裁裁决向中级人民法院申请撤销仲裁裁决，中级人民法院作出的驳回申请或者撤销仲裁裁决的裁定是否为终审裁定？

答：为终审裁定。

依据：《最高人民法院关于审理劳动争议案件适用法律问题的解释（一）》第22条

0765 劳动争议仲裁委员会作出终局裁决，劳动者向人民法院申请执行，用人单位向劳动争议仲裁委员会所在地的中级人民法院申请撤销的，应当如何处理？

答：人民法院应当裁定中止执行。

依据：《最高人民法院关于审理劳动争议案件适用法律问题的解释（一）》第25条第1款

0766 劳动争议仲裁委员会作出终局裁决，劳动者向人民法院申请执行，用人单位向劳动争议仲裁委员会所在地的中级人民法院申请撤销的，人民法院裁定中止执行后，用人单位又撤回撤销终局裁决申请或者其申请被驳回的，应当如何处理？

答：人民法院应当裁定恢复执行。

依据：《最高人民法院关于审理劳动争议案件适用法律问题的解释（一）》第25条第2款

0767 劳动争议仲裁委员会作出终局裁决，劳动者向人民法院申请执行，用人单位向劳动争议仲裁委员会所在地的中级人民法院申请撤销的，人民法院裁定中止执行后，用人单位又向人民法院申请撤销仲裁裁决被驳回后，又在执行程序中以相同理由提出不予执行抗辩的，应当如何处理？

答：人民法院不予支持。

依据：《最高人民法院关于审理劳动争议案件适用法律问题的解释（一）》第 25 条第 2、3 款

0768 仲裁裁决书未载明该裁决为终局裁决或非终局裁决，用人单位不服该仲裁裁决向基层人民法院提起诉讼的，人民法院应当如何处理？

答：人民法院应当按照以下情形分别处理：

1. 经审查认为该仲裁裁决为非终局裁决的，基层人民法院应予受理；

2. 经审查认为该仲裁裁决为终局裁决的，基层人民法院不予受理，但应告知用人单位可以自收到不予受理裁定书之日起 30 日内向劳动争议仲裁委员会所在地的中级人民法院申请撤销该仲裁裁决。已经受理的，裁定驳回起诉。

依据：《最高人民法院关于审理劳动争议案件适用法律问题的解释（一）》第 18 条

0769 用人单位向中级人民法院申请撤销终局裁决的案件，中级人民法院是否应当开庭审理？

答：中级人民法院应当组成合议庭开庭审理。经过阅卷、调查和询问当事人，对没有新的事实、证据或者理由，合议庭认为不需要开庭审理的，可以不开庭审理。

依据：《最高人民法院关于审理劳动争议案件适用法律问题的解释（一）》第 23 条第 1 款

0770 中级人民法院审理用人单位申请撤销终局裁决的案件，组织双方当事人达成调解协议并制作调解书，一方当事人逾期不履行调解协议的，应当如何处理？

答：另一方可以申请人民法院强制执行。

依据：《最高人民法院关于审理劳动争议案件适用法律问题的解释（一）》第 23 条第 2 款

0771 仲裁庭裁决劳动人事争议案件时，裁决内容同时涉及终局裁决和非终局裁决的，应当如何处理？

答：应当分别制作裁决书，并告知当事人相应的救济权利。

依据：《劳动人事争议仲裁办案规则》第 50 条第 4 款

0772 用人单位与劳动者就劳动争议纠纷达成调解协议后，一方当事人不依约履行调解协议，应当如何处理？

答：达成调解协议后，一方当事人在协议约定期限内不履行调解协议的，另一方当事人可以依法申请仲裁。

依据：《中华人民共和国劳动争议调解仲裁法》第 15 条

0773 用人单位与劳动者因支付拖欠劳动报酬、工伤医疗费、经济补偿或者赔偿金事项达成调解协议，用人单位在协议约定期限内不履行的，应当如何处理？

答：劳动者可以持调解协议书依法向人民法院申请支付令。

依据：《中华人民共和国劳动争议调解仲裁法》第 16 条

0774 丧失或者部分丧失民事行为能力的劳动者，应当如何参加仲裁活动？

答：应当由其法定代理人代为参加仲裁活动。无法定代理人的，由劳动争议仲裁委员会为其指定代理人。

依据：《中华人民共和国劳动争议调解仲裁法》第 25 条

0775 劳动者死亡的，应当由谁参加仲裁活动？

答：劳动者死亡的，由其近亲属或者代理人参加仲裁活动。

依据：《中华人民共和国劳动争议调解仲裁法》第 25 条

0776 当事人不服劳动人事争议仲裁裁决向人民法院起诉后又申请撤诉，原仲裁裁决从何时起生效？

答：经人民法院审查准予撤诉的，原仲裁裁决自人民法院裁定送达当事人之日起发生法律效力。

依据：《最高人民法院关于人民法院对经劳动争议仲裁裁决的纠纷准予撤诉或驳回起诉后劳动争议仲裁裁决从何时起生效的解释》第 1 条

0777 当事人因超过起诉期间而被人民法院裁定驳回起诉的，原仲裁裁决从何时起生效？

答：原仲裁裁决自起诉期间届满之次日起恢复法律效力。

依据：《最高人民法院关于人民法院对经劳动争议仲裁裁决的纠纷准予撤诉或驳回起诉后劳动争议仲裁裁决从何时起生效的解释》第 2 条

0778 当事人不服仲裁裁决向人民法院起诉，因仲裁裁决确定的主体资格错误或仲裁裁决事项不属于劳动争议，应当如何处理？

答：人民法院应当驳回起诉，原仲裁裁决不发生法律效力。

依据：《最高人民法院关于人民法院对经劳动争议仲裁裁决的纠纷准予撤诉或驳回起诉后劳动争议仲裁裁决从何时起生效的解释》第 3 条

0779 劳动争议仲裁机构以申请仲裁的主体不适格为由，作出不予受理的书面裁决、决定或者通知，当事人不服依法提起诉讼的，应当如何处理？

答：经审查确属主体不适格的，人民法院不予受理；已经受理的，裁定驳回起诉。

依据：《最高人民法院关于审理劳动争议案件适用法律问题的解释（一）》第 7 条

0780 因履行集体合同发生争议，当事人协商解决不成的，应当如何处理？

答：当事人可以向劳动争议仲裁委员会申请仲裁。对仲裁裁决不服的，可以自收到仲裁裁决书之日起 15 日内向人民法院提起诉讼。

依据：《中华人民共和国劳动法》第 84 条第 2 款

0781 劳动合同未经鉴证，劳动争议仲裁委员会是否应当受理相关的劳动争议案件？

答：应当受理。

依据：《劳动部关于贯彻执行〈中华人民共和国劳动法〉若干问题的意见》六、83

0782 劳动争议仲裁委员会以当事人申请仲裁的事项不属于劳动争议为由不予受理，当事人不服起诉至人民法院，人民法院应当如何处理？

答：人民法院将按照以下方式处理：属于劳动争议案件的，人民法院应当受理。虽不属于劳动争议案件，但属于人民法院主管的其他案件，人民法院应当依法受理。

依据：《最高人民法院关于审理劳动争议案件适用法律问题的解释（一）》第6条

0783　劳动争议仲裁机构为纠正原仲裁裁决错误重新作出裁决，当事人不服应当如何处理？

答：当事人可以依法向人民法院起诉，人民法院应当受理。

依据：《最高人民法院关于审理劳动争议案件适用法律问题的解释（一）》第8条

0784　劳动争议仲裁委员会仲裁的事项不属于人民法院受理的案件范围，当事人不服又起诉至人民法院，人民法院应当如何处理？

答：人民法院裁定不予受理或者驳回起诉。

依据：《最高人民法院关于审理劳动争议案件适用法律问题的解释（一）》第9条

0785　当事人均不服仲裁裁决起诉至同一人民法院，人民法院应当如何处理？

答：劳动者与用人单位均不服劳动争议仲裁机构的同一裁决，向同一人民法院起诉的，人民法院应当并案审理，双方当事人互为原告和被告，对双方的诉讼请求，人民法院应当一并作出裁决。

依据：《最高人民法院关于审理劳动争议案件适用法律问题的解释（一）》第4条

0786　当事人就同一仲裁裁决分别起诉至有管辖权的不同人民法院，人民法院应当如何处理？

答：双方当事人就同一仲裁裁决分别向不同有管辖权的人民法院起诉的，后受理的人民法院应当将案件移送给先受理的人民法院。

依据：《最高人民法院关于审理劳动争议案件适用法律问题的解释（一）》第4条

0787 劳动争议仲裁委员会作出仲裁裁决后，当事人对裁决中的部分事项不服起诉至人民法院的，仲裁裁决是否发生法律效力？

答：不发生法律效力。

依据：《最高人民法院关于审理劳动争议案件适用法律问题的解释（一）》第 16 条

0788 劳动争议仲裁委员会对多个劳动者的劳动争议作出仲裁裁决后，部分劳动者不服起诉至人民法院，仲裁裁决是否发生法律效力？

答：仲裁裁决对提出起诉的劳动者不发生法律效力。对未提出起诉的部分劳动者，发生法律效力，如其申请执行的，人民法院应当受理。

依据：《最高人民法院关于审理劳动争议案件适用法律问题的解释（一）》第 17 条

0789 在什么情形下，劳动争议仲裁委员会作出的仲裁裁决书、调解书可以不予执行？

答：劳动争议仲裁委员会作出的仲裁裁决书、调解书有下列情形之一的，人民法院可以裁定不予执行：

1. 裁决的事项不属于劳动争议仲裁范围，或者劳动争议仲裁机构无权仲裁的；

2. 适用法律、法规确有错误的；

3. 违反法定程序的；

4. 裁决所根据的证据是伪造的；

5. 对方当事人隐瞒了足以影响公正裁决的证据的；

6. 仲裁员在仲裁该案时有索贿受贿、徇私舞弊、枉法裁决行为的；

7. 人民法院认定执行该劳动争议仲裁裁决违背社会公共利益的。

依据：《最高人民法院关于审理劳动争议案件适用法律问题的解释（一）》第 24 条第 1 款

0790 劳动争议仲裁委员会作出的仲裁裁决书、调解书被人民法院裁定不予执行，应当如何处理？

答：当事人应当在收到人民法院的裁定书之次日起 30 日内，可以就该劳动争议事项向人民法院起诉。

依据：《最高人民法院关于审理劳动争议案件适用法律问题的解释（一）》第 24 条第 2 款

0791 当事人不服劳动争议仲裁机构作出的预先支付劳动者劳动报酬、工伤医疗费、经济补偿或者赔偿金的裁决，依法提起诉讼的，应当如何处理？

答：人民法院不予受理。

依据：《最高人民法院关于审理劳动争议案件适用法律问题的解释（一）》第 10 条第 1 款

0792 劳动争议仲裁委员会作出预先支付劳动者部分工资或者医疗费用的裁决，用人单位不履行裁决中的给付义务，应当如何处理？

答：劳动者可以依法向人民法院申请强制执行。

依据：《最高人民法院关于审理劳动争议案件适用法律问题的解释（一）》第 10 条第 2 款

0793 劳动者以用人单位的工资欠条为证据直接提起诉讼，诉讼请求不涉及劳动关系其他争议的，应当如何处理？

答：视为拖欠劳动报酬争议，人民法院按照普通民事纠纷受理。

依据：《最高人民法院关于审理劳动争议案件适用法律问题的解释（一）》第 15 条

0794 劳动合同法施行后，因用人单位经营期限届满不再继续经营导致劳动合同不能继续履行，劳动者请求用人单位支付经济补偿的，是否应予支持？

答：人民法院应予支持。

依据：《最高人民法院关于审理劳动争议案件适用法律问题的解释（一）》第 48 条

0795 劳动者和用人单位均不服劳动争议仲裁委员会的同一裁决，向同一人民法院起诉，在诉讼过程中，一方当事人撤诉的，应当如何处理？

答：人民法院应当根据另一方当事人的诉讼请求继续审理。

依据：《最高人民法院关于审理劳动争议案件适用法律问题的解释（一）》第4条

0796 在诉讼过程中，劳动者向人民法院申请采取财产保全措施，应当如何处理？

答：人民法院经审查认为申请人经济确有困难，或有证据证明用人单位存在欠薪逃匿可能的，应当减轻或者免除劳动者提供担保的义务，及时采取保全措施。

依据：《最高人民法院关于审理劳动争议案件适用法律问题的解释（一）》第49条第1款

0797 人民法院作出财产保全裁定，劳动者应当在何时申请强制执行？

答：劳动者应当在劳动仲裁机构的裁决书或者在人民法院的裁判文书生效后3个月内申请强制执行。

依据：《最高人民法院关于审理劳动争议案件适用法律问题的解释（一）》第49条第2款

0798 人民法院作出财产保全裁定，劳动者未在劳动仲裁机构的裁决书或者在人民法院的裁判文书生效后3个月内申请强制执行，应当如何处理？

答：人民法院应当裁定解除保全措施。

依据：《最高人民法院关于审理劳动争议案件适用法律问题的解释（一）》第49条第2款

0799 当事人在劳动争议调解委员会主持下仅就劳动报酬争议达成调解协议，用人单位不履行调解协议确定的给付义务，应当如何处理？

答：劳动者直接向人民法院起诉的，人民法院可以按照普通民事纠纷受理。

依据：《最高人民法院关于审理劳动争议案件适用法律问题的解释（一）》第51条第2款

0800 因企业自主进行改制与劳动者之间引发的争议，人民法院是否应予受理？

答：人民法院应予受理。

依据：《最高人民法院关于审理劳动争议案件适用法律问题的解释（一）》第1条第9项

0801 人民法院在审查仲裁裁决中认为遗漏了必须共同参加仲裁的当事人，应当如何处理？

答：人民法院应当依法追加遗漏的人为诉讼当事人。被追加的当事人应当承担责任的，人民法院应当一并处理。

依据：《最高人民法院关于审理劳动争议案件适用法律问题的解释（一）》第31条

0802 劳动争议仲裁委员会作出的调解书已经发生法律效力，一方当事人反悔提起诉讼，应当如何处理？

答：人民法院不予受理。已经受理的，裁定驳回起诉。

依据：《最高人民法院关于审理劳动争议案件适用法律问题的解释（一）》第11条

0803 劳动争议仲裁委员会逾期未作出受理决定或仲裁裁决，当事人直接提起诉讼的，人民法院是否应当受理？

答：人民法院应予受理，但申请仲裁的案件存在下列事由的除外：

1. 移送管辖的；

2. 正在送达或送达延误的；

3. 等待另案诉讼结果、评残结论的；

4. 正在等待劳动争议仲裁委员会开庭的；

5. 启动鉴定程序或者委托其他部门调查取证的；

6. 其他正当事由。

依据：《最高人民法院关于审理劳动争议案件适用法律问题的解释（一）》第12条第1款

0804 劳动者向人民法院申请支付令，是否应当受理？

答： 劳动者向人民法院申请支付令，符合法定条件的，人民法院应予受理。

依据：《最高人民法院关于审理劳动争议案件适用法律问题的解释（一）》第13条

0805 当事人在人民调解委员会主持下就给付义务达成调解协议，双方是否可以向人民法院申请司法确认？

答： 双方认为有必要的，可以共同向人民调解委员会所在地的基层人民法院申请司法确认。

依据：《最高人民法院关于审理劳动争议案件适用法律问题的解释（一）》第52条

0806 人民法院在审理劳动争议案件时，是否可以向作出原裁决的劳动争议仲裁委员会调阅案卷？

答： 可以。劳动争议仲裁委员会应当及时向人民法院提供案卷。

依据：《北京市高级人民法院、北京市劳动争议仲裁委员会关于劳动争议案件法律适用问题研讨会会议纪要》二、6

0807 劳动争议仲裁委员会漏裁的事项，人民法院是否可以直接作出处理？

答： 人民法院可以直接作出处理。

依据：《北京市高级人民法院、北京市劳动争议仲裁委员会关于劳动争议案件法律适用问题研讨会会议纪要》三、7

0808 当事人向劳动争议仲裁委员会申请仲裁后又撤回申请，向法院起诉的，应当如何处理？

答： 法院不视为已经过仲裁前置程序，可裁定不予受理，已经受理的裁定驳回起诉，并告知其先向仲裁委申请仲裁。

依据：《北京市高级人民法院、北京市劳动争议仲裁委员会关于劳动争议案件法律适用问题研讨会会议纪要（二）》一、1第1段

0809 当事人申请仲裁后，无正当理由拒不到庭或者未经仲裁庭同意中途退庭，劳动争议仲裁委员会按照撤回仲裁申请处理，并作出决定书的，当事人起诉到法院的，是否应当受理？

答：法院经审查符合劳动争议受理条件的，可以受理。

依据：《北京市高级人民法院、北京市劳动争议仲裁委员会关于劳动争议案件法律适用问题研讨会会议纪要（二）》一、2

0810 仲裁裁决有多项内容，当事人仅就部分内容提起诉讼的，人民法院应当如何处理？

答：人民法院只需审理当事人在法定期限内起诉的请求，保持当事人诉讼请求与审理内容的一致性。对双方当事人均未起诉的仲裁结果部分，可在"本院认为"中予以确认，并直接写入判决主文。人民法院对于案件事实的审理不受当事人诉讼请求的限制，人民法院应当结合证据对事实进行综合判断和认定。人民法院对仲裁裁决确认是否存在劳动关系一项认为有误的，无论当事人是否提出诉讼请求，均可以直接予以认定，并根据所认定的事实作出相应判决。

依据：《北京市高级人民法院、北京市劳动争议仲裁委员会关于劳动争议案件法律适用问题研讨会会议纪要（二）》一、3

0811 在仲裁程序中，证人出庭作证并接受质询，诉讼中证人是否仍需出庭作证？

答：证人可不再出庭，但仍有需要质询的事实或当事人又提供反证的除外。

依据：《北京市高级人民法院、北京市劳动争议仲裁委员会关于劳动争议案件法律适用问题研讨会会议纪要（二）》一、4

0812 仲裁程序中当事人已经认可的相关案件事实，在诉讼程序中当事人又否认的，应当如何处理？

答：在诉讼程序中，除经对方当事人同意，或者有充分证据证明与事实不符的，对当事人否认在仲裁程序中所认可事实的主张不予支持。

依据：《北京市高级人民法院、北京市劳动争议仲裁委员会关于劳动争议案件法律适用问题研讨会会议纪要（二）》一、5

0813 当事人已经签收劳动争议仲裁委员会对劳动争议作出的调解书，事后反悔向法院起诉的，应当如何处理？

答：人民法院应裁定不予受理。已受理的，应裁定驳回起诉，但裁定书应说明调解书已生效，双方按原调解书执行。

依据：《北京市高级人民法院、北京市劳动争议仲裁委员会关于劳动争议案件法律适用问题研讨会会议纪要（二）》一、6

0814 对于劳动争议仲裁申请人依法提出的仲裁请求，仲裁裁决书遗漏未予处理，当事人起诉至人民法院的，应当如何处理？

答：人民法院应当予以审理，不得以相应请求未经仲裁前置程序为由不予处理。

依据：《北京市高级人民法院、北京市劳动争议仲裁委员会关于劳动争议案件法律适用问题研讨会会议纪要（二）》一、7

0815 仲裁裁决不存在劳动关系的情况下，当事人以双方存在劳动关系为由提起诉讼，经审查发现双方之间存在劳务关系或其他法律关系，经释明后当事人不变更诉讼请求的，应当如何处理？

答：在此种情况下，只要符合法定的起诉条件，人民法院应予受理并判决驳回当事人的诉讼请求。

依据：《北京市高级人民法院、北京市劳动人事争议仲裁委员会关于审理劳动争议案件法律适用问题的解答》4

0816 劳动者与用人单位解除或者终止劳动关系后，请求用人单位返还其收取的劳动合同定金、保证金、抵押金、抵押物产生的争议，或者办理劳动者的人事档案、社会保险关系等移转手续产生的争议，当事人不服仲裁裁决起诉至人民法院，人民法院是否应予受理？

答：人民法院应予受理。

依据：《最高人民法院关于审理劳动争议案件适用法律问题的解释（一）》第1条第4项

0817 人民法院受理劳动争议案件后，当事人增加诉讼请求应当如何处理？

答：如当事人增加的诉讼请求与讼争的劳动争议具有不可分性，

应当合并审理，"不可分性"是指增加的诉讼请求与仲裁的事项是基于同一事实而产生的，相互之间具有依附性。

依据：《北京市高级人民法院、北京市劳动争议仲裁委员会关于劳动争议案件法律适用问题研讨会会议纪要》三、8

0818　用人单位与劳动者就工伤保险待遇达成的协议在履行完毕后，劳动者以双方约定的给付标准低于法定标准为由，在仲裁时效内要求用人单位按法定标准补足差额部分的，是否应当支持？

答：应予支持。

依据：《北京市高级人民法院、北京市劳动争议仲裁委员会关于劳动争议案件法律适用问题研讨会会议纪要》六、30 第 2 段

0819　用人单位指派劳动者长期在北京市从事业务，劳动者以在北京市某区县的居住地作为劳动合同履行地而向该地仲裁委申请仲裁或向基层法院起诉的，应当如何处理？

答：劳动者因用人单位的指派而长期在北京市从事业务，如其在北京有固定的办公地点，可以视办公地点所在地为劳动合同履行地，如因业务原因没有固定办公地点，则可以视其在北京的居住地为劳动合同履行地。劳动者应当向劳动争议仲裁委员会、法院提供用人单位指派其长期在北京从事业务的证据，以及其在北京有无固定办公地点和长期居住地点的证据。

依据：《北京市高级人民法院、北京市劳动争议仲裁委员会关于劳动争议案件法律适用问题研讨会会议纪要（二）》一、10

0820　涉及建筑工程的用工关系中，包工头能否主张工人劳务费、工资、劳动报酬？

答：包工头与发包单位之间存在承包合同关系，可另行依据合同追索承包费用，其以支付劳务费、工资、劳动报酬为由提起仲裁或诉讼的不予支持。

依据：《北京市高级人民法院、北京市劳动争议仲裁委员会关于劳动争议案件法律适用问题研讨会会议纪要（二）》二、17

[0821] 劳动者与用人单位签订劳动合同后，被该用人单位派往其他单位工作，发生争议时应当如何处理？

答： 劳动者虽在被派往单位工作，应认定其与签订劳动合同的用人单位存在劳动关系。可根据案件审理情况，追加实际用人单位参加诉讼。在判决仅由签订劳动合同的用人单位承担责任，可能损害劳动者实际利益的情况下，可判决由实际用人单位承担连带责任。

依据：《北京市高级人民法院、北京市劳动争议仲裁委员会关于劳动争议案件法律适用问题研讨会会议纪要（二）》二、20

[0822] 对于追索劳动报酬、养老金、医疗费以及工伤保险待遇、经济补偿金、培训费及其他相关费用等案件，给付数额不当的，应当如何处理？

答： 人民法院可以予以变更。

依据：《最高人民法院关于审理劳动争议案件适用法律问题的解释（一）》第53条第2款

[0823] 发生争议的用人单位未办理营业执照、被吊销营业执照、营业执照到期继续经营、被责令关闭、被撤销以及用人单位解散、歇业，不能承担相关责任的，应当如何处理？

答： 应当将用人单位和其出资人、开办单位或者主管部门作为共同当事人。

依据：《劳动人事争议仲裁办案规则》第6条

[0824] 劳动者与个人承包经营者发生争议，依法向仲裁委员会申请仲裁的，应当如何处理？

答： 应当将发包的组织和个人承包经营者作为共同当事人。

依据：《劳动人事争议仲裁办案规则》第7条

[0825] 劳动者与未办理营业执照、营业执照被吊销或者营业期限届满仍继续经营的用人单位发生争议的，应当如何处理？

答： 应当将用人单位或者其出资人列为当事人。

依据：《最高人民法院关于审理劳动争议案件适用法律问题的解释（一）》第29条

0826 未办理营业执照、营业执照被吊销或者营业期限届满仍继续经营的用人单位，以挂靠等方式借用他人营业执照经营的，应当如何处理？

答： 应当将用人单位和营业执照出借方列为当事人。

依据：《最高人民法院关于审理劳动争议案件适用法律问题的解释（一）》第30条

0827 与劳动争议案件的处理结果有利害关系的第三人，是否可以参加劳动仲裁活动？

答： 与劳动争议案件的处理结果有利害关系的第三人，可以申请参加仲裁活动或者由劳动争议仲裁委员会通知其参加仲裁活动。

依据：《中华人民共和国劳动争议调解仲裁法》第23条

0828 用人单位招用尚未解除劳动合同的劳动者，原用人单位与劳动者发生的劳动争议，应当如何处理？

答： 用人单位招用尚未解除劳动合同的劳动者，原用人单位与劳动者发生的劳动争议，可以列新的用人单位为第三人。

依据：《最高人民法院关于审理劳动争议案件适用法律问题的解释（一）》第27条第1款

0829 原用人单位以新的用人单位侵权为由向人民法院起诉的，应当如何处理？

答： 原用人单位以新的用人单位侵权为由向人民法院起诉的，可以列劳动者为第三人。

依据：《最高人民法院关于审理劳动争议案件适用法律问题的解释（一）》第27条第2款

0830 原用人单位以新的用人单位和劳动者共同侵权为由向人民法院起诉的，应当如何处理？

答： 原用人单位以新的用人单位和劳动者共同侵权为由向人民法院起诉的，新的用人单位和劳动者列为共同被告。

依据：《最高人民法院关于审理劳动争议案件适用法律问题的解释（一）》第27条第3款

0831 劳动者在用人单位与其他平等主体之间的承包经营期间，与发包方和承包方双方或者一方发生劳动争议，依法向人民法院起诉的，应当如何处理？

答：应当将承包方和发包方作为当事人。

依据：《最高人民法院关于审理劳动争议案件适用法律问题的解释（一）》第 28 条

0832 在劳动仲裁程序中遗漏了必须共同参加仲裁的当事人，人民法院在一审诉讼程序中是否可以依法予以追加？

答：人民法院在一审诉讼程序中可依法予以追加，无须再行仲裁。

依据：《北京市高级人民法院、北京市劳动争议仲裁委员会关于劳动争议案件法律适用问题研讨会会议纪要》三、7

0833 当事人双方不服劳动争议仲裁委员会作出的同一仲裁裁决，均向同一人民法院起诉的，应当如何列当事人？

答：双方当事人互为原告和被告，先起诉的一方当事人列为"原告（被告）"，后起诉的一方当事人列为"被告（原告）"。

依据：《北京市高级人民法院、北京市劳动争议仲裁委员会关于劳动争议案件法律适用问题研讨会会议纪要》三、9

0834 用人单位自动歇业、视为自动歇业、被撤销或吊销营业执照，如何确定当事人？

答：应列该用人单位为当事人。如用人单位成立清算组清理债权债务的，由清算组负责人代表用人单位参加仲裁或诉讼。尚未成立清算组的，由原法定代表人代表用人单位参加仲裁或诉讼。清算组负责人或原法定代表人可以委托诉讼代理人参加仲裁或诉讼。

依据：《北京市高级人民法院、北京市劳动争议仲裁委员会关于劳动争议案件法律适用问题研讨会会议纪要（二）》二、15

0835 劳动争议仲裁委员会作出的复议仲裁决定书，是否应当作为执行依据？

答：劳动争议仲裁委员会作出的复议仲裁决定书，应当作为执行依据。

依据：《最高人民法院关于劳动争议仲裁委员会的复议仲裁决定书可否作为执行依据问题的批复》

0836 用人单位已经与其他单位合并，对合并之前发生的劳动争议，应当以哪家单位作为仲裁当事人？

答：用人单位与其他单位合并的，合并前发生的劳动争议，由合并后的单位为当事人。

依据：《最高人民法院关于审理劳动争议案件适用法律问题的解释（一）》第26条第1款

0837 用人单位分立为若干单位的，对其分立前发生的劳动争议，应当以哪家单位作为仲裁当事人？

答：用人单位分立为若干单位的，对其分立前发生的劳动争议，由分立后的实际用人单位为当事人。用人单位分立为若干单位后，对承受劳动权利义务的单位不明确的，分立后的单位均为当事人。

依据：《最高人民法院关于审理劳动争议案件适用法律问题的解释（一）》第26条

0838 因用人单位作出的开除、除名、辞退、解除劳动合同、减少劳动报酬、计算劳动者工作年限等决定而发生的劳动争议，应当如何承担举证责任？

答：因用人单位作出的开除、除名、辞退、解除劳动合同、减少劳动报酬、计算劳动者工作年限等决定而发生的劳动争议，用人单位负举证责任。

依据：《最高人民法院关于审理劳动争议案件适用法律问题的解释（一）》第44条

0839 劳务派遣单位或者用工单位与劳动者发生劳动争议的，应当以哪家单位作为仲裁当事人？

答：应当将劳务派遣单位和用工单位列为共同当事人。

依据：《中华人民共和国劳动争议调解仲裁法》第22条第2款

0840 劳动者因为工伤、职业病请求用人单位依法承担给予工伤保险待遇的争议，是否属于劳动争议？

答：属于劳动争议。

依据：《最高人民法院关于审理劳动争议案件适用法律问题的解释（一）》第1条第7项

0841 劳动者请求社会保险经办机构发放社会保险金的纠纷是否属于劳动争议？

答：不属于劳动争议纠纷。

依据：《最高人民法院关于审理劳动争议案件适用法律问题的解释（一）》第2条第1项

0842 用人单位未为劳动者建立社会保险关系、欠缴社会保险费或未按规定的工资基数足额缴纳社会保险费的，劳动者主张予以补缴的，是否属于劳动争议？

答：不属于劳动争议，可以通过劳动行政部门解决。

依据：《北京市高级人民法院、北京市劳动争议仲裁委员会关于劳动争议案件法律适用问题研讨会会议纪要》一、1、（1）

0843 由于用人单位未按规定为劳动者缴纳社会保险费，导致劳动者不能享受工伤、失业、生育、医疗保险待遇，劳动者要求用人单位赔偿损失或按规定给付相关费用的，是否属于劳动争议？

答：属于劳动争议。

依据：《北京市高级人民法院、北京市劳动争议仲裁委员会关于劳动争议案件法律适用问题研讨会会议纪要》一、1、（2）

0844 用人单位未为农民工缴纳养老保险费，农民工在与用人单位终止或解除劳动合同后要求用人单位赔偿损失的，是否属于劳动争议？

答：属于劳动争议。

依据：《北京市高级人民法院、北京市劳动争议仲裁委员会关于劳动争议案件法律适用问题研讨会会议纪要》一、1、（3）

0845 用人单位与劳动者在劳动合同中约定不得结婚、生育等，是否有效？

答：婚姻自由、生育权是公民的基本权利，任何组织和个人均不得干涉。该约定不但排除了劳动者的权利，而且也违反法律、行政法规的强制性规定，约定无效。

依据：《中华人民共和国劳动合同法》第 26 条

0846 用人单位制定的规章制度违反法律、法规规定的，应当承担什么法律责任？

答：用人单位直接涉及劳动者切身利益的规章制度违反法律、法规的规定，由劳动行政部门责令改正，给予警告，给劳动者造成损害的，应当承担赔偿责任。用人单位的规章制度违反法律、法规规定损害劳动者权益的，劳动者可以解除劳动合同，用人单位应当依法支付劳动者经济补偿金。

依据：《中华人民共和国劳动合同法》第 38 条第 1 款第 4 项、第 46 条第 1 项、第 80 条

0847 用人单位违法延长劳动者工作时间的，应当如何处罚？

答：由劳动行政部门给予警告，责令改正，并可以处以罚款。

依据：《中华人民共和国劳动法》第 90 条

0848 用人单位的劳动安全设施和劳动卫生条件不符合国家规定或者未向劳动者提供必要的劳动防护用品和劳动保护设施的，

应当如何处罚？

答：由劳动行政部门或者有关部门责令改正，可以处以罚款；情节严重的，提请县级以上人民政府决定责令停产整顿。对事故隐患不采取措施，致使发生重大事故，造成劳动者生命和财产损失的，对责任人员依照刑法有关规定追究刑事责任。

依据：《中华人民共和国劳动法》第 92 条

0849 用人单位强令劳动者违章冒险作业，发生重大伤亡事故，造成严重后果的，应当如何处罚？

答：发生重大伤亡事故，造成严重后果的，对责任人员依法追究刑事责任。劳动者可以立即解除劳动合同，不需要事先告知用人单位，用人单位应当依法支付劳动者经济补偿金。

依据：《中华人民共和国劳动法》第 93 条、《中华人民共和国劳动合同法》第 38 条第 2 款

0850 用人单位违反对女职工和未成年工的保护规定，侵害其合法权益的，应当如何处罚？

答：由劳动行政部门责令改正，处以罚款；对女职工或者未成年工造成损害的，应当承担赔偿责任。

依据：《中华人民共和国劳动法》第 95 条

0851 由于用人单位的原因订立的无效合同，对劳动者造成损害的，应当如何处罚？

答：用人单位应当依法承担赔偿责任。

依据：《中华人民共和国劳动法》第 97 条

0852 用人单位故意拖延不订立劳动合同的，应当如何处罚？

答：由劳动行政部门责令改正，对劳动者造成损害的，应当承担赔偿责任。

依据：《中华人民共和国劳动法》第 98 条

0853 用人单位无故不缴纳社会保险费的，应当如何处罚？

答：由劳动行政部门责令其限期缴纳。逾期不缴的，可以加收滞纳金。

依据：《中华人民共和国劳动法》第 100 条

0854 用人单位无故阻挠劳动行政部门、有关部门及其工作人员行使监督检查权，打击报复举报人员的，应当如何处罚？

答：由劳动行政部门或者有关部门处以罚款；构成刑事犯罪的，对责任人员依法追究刑事责任。

依据：《中华人民共和国劳动法》第 101 条

0855 用人单位拒不向劳动者提供劳动合同文本的，是否应当承担法律责任？

答：由劳动行政部门责令改正，给劳动者造成损害的，应当承担赔偿责任。

依据：《中华人民共和国劳动合同法》第 81 条

0856 用人单位与劳动者倒签劳动合同，是否可以不支付未签订劳动合同的 2 倍工资？

答：用人单位与劳动者建立劳动关系后，未依法自用工之日 1 个月内订立书面劳动合同，在劳动关系存续一定时间后，用人单位与劳动者在签订劳动合同时将日期补签到实际用工之日，视为用人单位与劳动者达成合意，劳动者不能再据此主张 2 倍工资，但劳动者有证据证明补签劳动合同并非其真实意思表示的除外。

用人单位与劳动者虽然补签劳动合同，但未补签到实际用工之日的，对实际用工之日与补签之日间相差的时间，依法扣除 1 个月订立书面劳动合同的宽限期，劳动者可以主张未订立劳动合同而支付 2 倍工资。

依据：《北京市高级人民法院、北京市劳动争议仲裁委员会关于审理劳动争议案件法律适用问题研讨会会议纪要（二）》29

0857 自用工之日起 1 个月内，经用人单位书面通知后，劳动者拒绝签订书面劳动合同的，用人单位终止劳动关系是否应当支付劳动者经济补偿金？

答：用人单位无需支付劳动者终止劳动关系的经济补偿金。

依据：《中华人民共和国劳动合同法实施条例》第 5 条

0858 用人单位与劳动者违法约定试用期，是否应当承担赔偿责任？

答：用人单位违法与劳动者约定试用期的，由劳动行政部门责令改正。违法约定的试用期已经履行的，由用人单位以劳动者试用期满月工资为标准，按已经履行的超过法定试用期的期间向劳动者支付赔偿金。

依据：《中华人民共和国劳动合同法》第 83 条

0859 在试用期内，劳动者严重违反用人单位规章制度的，用人单位是否可以解除劳动合同？

答：可以解除。

依据：《中华人民共和国劳动合同法》第 39 条第 2 项

0860 用人单位要求劳动者提供担保费的，应当如何处理？

答：用人单位违法以担保或者其他名义向劳动者收取财物的，由劳动行政部门责令限期退还劳动者本人，并以每人 500 元以上 2000 元以下的标准处以罚款；给劳动者造成损害的，应当承担赔偿责任。

依据：《中华人民共和国劳动合同法》第 84 条第 2 款

0861 劳动者依法解除或者终止劳动合同，用人单位扣押劳动者档案的，应当如何处理？

答：由劳动行政部门以每人 500 元以上 2000 元以下的标准对用人单位处以罚款；给劳动者造成损害的，用人单位应当承担赔偿责任。

依据：《中华人民共和国劳动合同法》第 84 条第 2、3 款

0862 用人单位未按照劳动合同的约定或者国家规定及时足额支付劳动者劳动报酬的，应当承担什么法律责任？

答：由劳动行政部门责令限期支付劳动报酬，逾期不支付的，责令用人单位按应付金额 50% 以上 100% 以下的标准向劳动者加付赔偿金。

依据：《中华人民共和国劳动合同法》第 85 条

0863 企业支付劳动者工资低于最低工资标准的，应当如何处理？

答：劳动者有权要求补足，并可以按下列标准请求企业支付赔偿金：

1. 欠付 6 日以上（不含 6 日）1 个月以内的，支付所欠最低工资部分 20% 的赔偿金；

2. 连续欠付 1 个月以上 3 个月以内的，支付所欠最低工资部分 50% 的赔偿金；

3. 欠付 3 个月以上的，支付所欠最低工资部分 100% 的赔偿金。

依据：《北京市最低工资规定》第 11 条

0864 用人单位支付劳动者的工资低于当地最低工资标准，应当承担什么法律责任？

答：由劳动行政部门责令限期支付差额部分。逾期不支付的，责令用人单位按应付金额 50% 以上 100% 以下的标准向劳动者加付赔偿金。

依据：《中华人民共和国劳动合同法》第 85 条

0865 用人单位安排劳动者加班不支付加班费的，应当承担什么法律责任？

答：由劳动行政部门责令限期支付加班费。逾期不支付的，责令用人单位按应付金额 50% 以上 100% 以下的标准向劳动者加付赔偿金。

依据：《中华人民共和国劳动合同法》第 85 条

0866 用人单位解除或者终止劳动合同，未依法向劳动者支付经济补偿的，应当承担什么法律责任？

答：由劳动行政部门责令限期支付经济补偿。逾期不支付的，责令用人单位按应付金额 50% 以上 100% 以下的标准向劳动者加付赔偿金。

依据：《中华人民共和国劳动合同法》第 85 条

0867 用人单位招用尚未解除或者终止劳动合同的劳动者，给原用人单位造成损失的，是否应当承担赔偿责任？

答：用人单位招用与其他用人单位尚未解除或者终止劳动合同的劳动者，给其他用人单位造成损失的，应当承担连带赔偿责任。

依据：《中华人民共和国劳动合同法》第 91 条

0868 用人单位在订立或者变更劳动合同时，未告知劳动者职业病危害真实情况的，应当如何处罚？

答：由卫生行政部门责令限期改正，给予警告，可以并处 20 000 元以上 50 000 元以下的罚款。

依据：《中华人民共和国职业病防治法》第 71 条第 3 项

0869 用人单位未按照规定安排职业病病人、疑似职业病病人进行诊治的，应当如何处罚？

答：由卫生行政部门给予警告，责令限期改正，逾期不改正的，处 50 000 元以上 200 000 元以下的罚款；情节严重的，责令停止产生职业病危害的作业，或者提请有关人民政府按照国务院规定的权限责令关闭。

依据：《中华人民共和国职业病防治法》第 72 条第 6 项

0870 用人单位未按照规定报告职业病、疑似职业病的，应当如何处罚？

答：由有关主管部门依据职责分工责令限期改正，给予警告，可以并处 10 000 元以下的罚款；弄虚作假的，并处 20 000 元以上 50 000 元以下的罚款对直接负责的主管人员和其他直接责任人员，可以依法给予降级或者撤职的处分。

依据：《中华人民共和国职业病防治法》第 74 条

0871 用人单位安排未经职业健康检查的劳动者从事接触职业病危害的作业或者禁忌作业的，应当如何处罚？

答：由卫生行政部门责令限期治理，并处 50 000 元以上 300 000 元以下的罚款；情节严重的，责令停止产生职业病危害的作业，或者提请有关人民政府按照国务院规定的权限责令关闭。

依据：《中华人民共和国职业病防治法》第 75 条第 7 项

0872 用人单位违反《中华人民共和国职业病防治法》规定，已经对劳动者生命健康造成严重损害的，应当如何处罚？

答：由卫生行政部门责令停止产生职业病危害的作业，或者提请有关人民政府按照国务院规定的权限责令关闭，并处 100 000 元以上 500 000 元以下的罚款。

依据：《中华人民共和国职业病防治法》第 77 条

0873　生产经营单位的主要负责人未履行《中华人民共和国安全生产法》规定的安全生产管理职责的，应当如何处罚？

答：责令限期改正，处 20 000 元以上 50 000 元以下的罚款；逾期未改正的，处 50 000 元以上 100 000 元以下罚款，责令生产经营单位停产停业整顿。生产经营单位的主要负责人有该违法行为，导致发生生产安全事故的，给予撤职处分；构成犯罪的，依照刑法有关规定追究刑事责任。生产经营单位的主要负责人依照前款规定受刑事处罚或者撤职处分的，自刑罚执行完毕或者受处分之日起，5 年内不得担任任何生产经营单位的主要负责人；对重大、特别重大生产安全事故负有责任的，终身不得担任本行业生产经营单位的主要负责人。

依据：《中华人民共和国安全生产法》第 94 条

0874　生产经营单位未按照规定对从业人员、被派遣劳动者、实习学生进行安全生产教育和培训，或者未按照规定如实告知有关的安全生产事项的，应当如何处罚？

答：责令限期改正，处 100 000 元以下的罚款；逾期未改正的，责令停产停业整顿，并处 100 000 元以上 200 000 元以下的罚款，对其直接负责的主管人员和其他直接责任人员处 20 000 元以上 50 000 元以下的罚款。

依据：《中华人民共和国安全生产法》第 97 条第 3 款

0875　生产经营单位未为从业人员提供符合国家标准或者行业标准的劳动防护用品的，应当如何处罚？

答：责令限期改正，可以处 50 000 元以下的罚款；逾期未改正的，处 50 000 元以上 200 000 元以下的罚款，对其直接负责的主管人员和其他直接责任人员处 10 000 元以上 20 000 元以下的罚款；情节严重的，责令停产停业整顿。构成犯罪的，依照刑法有关规定追究刑事责任。

依据：《中华人民共和国安全生产法》第 99 条第 5 款

0876　生产经营单位将生产经营项目、场所、设备发包或者出租给不具备安全生产条件或者相应资质的单位或者个人，导致发生生产安全事故给他人造成损害的，应当如何处罚？

答：责令限期改正，没收违法所得。违法所得 100 000 元以上的，并处违法所得 2 倍以上 5 倍以下的罚款；没有违法所得或者违法所得不足 100 000 元的，单处或者并处 100 000 元以上 200 000 元以下的罚款；对其直接负责的主管人员和其他直接责任人员处 10 000 元以上 20 000 元以下的罚款；导致发生生产安全事故给他人造成损害的，与承包方、承租方承担连带赔偿责任。

依据：《中华人民共和国安全生产法》第 103 条第 1 款

0877 生产经营单位与从业人员订立协议，免除或者减轻其对从业人员因生产安全事故伤亡依法应承担的责任的，应当如何处罚？

答：该协议无效。对生产经营单位的主要负责人、个人经营的投资人处 20 000 元以上 100 000 元以下的罚款。

依据：《中华人民共和国安全生产法》第 106 条

0878 发生生产安全事故，对负有责任的生产经营单位应当如何处罚？

答：对负有责任的生产经营单位除要求其依法承担相应的赔偿等责任外，由应急管理部门依照下列规定处以罚款：

1. 发生一般事故的，处 300 000 元以上 1 000 000 元以下的罚款；
2. 发生较大事故的，处 1 000 000 元以上 2 000 000 元以下的罚款；
3. 发生重大事故的，处 2 000 000 元以上 10 000 000 元以下的罚款；
4. 发生特别重大事故的，处 10 000 000 元以上 20 000 000 元以下的罚款。

发生生产安全事故，情节特别严重、影响特别恶劣的，应急管理部门可以按照前款罚款数额的 2 倍以上 5 倍以下对负有责任的生产经营单位处以罚款。

依据：《中华人民共和国安全生产法》第 114 条

0879 用人单位不办理社会保险登记的，应当如何处罚？

答：由社会保险行政部门责令限期改正。逾期不改正的，对用人单位处应缴社会保险费数额 1 倍以上 3 倍以下的罚款，对其直接负责的主管人员和其他直接责任人员处 500 元以上 3000 元以下的罚款。

依据：《中华人民共和国社会保险法》第 84 条

0880　用人单位未按时足额缴纳社会保险费的，应当如何处罚？

答：由社会保险费征收机构责令限期缴纳或者补足，并自欠缴之日起，按日加收 0.05% 的滞纳金。逾期仍不缴纳的，由有关行政部门处欠缴数额 1 倍以上 3 倍以下的罚款。

依据：《中华人民共和国社会保险法》第 86 条

0881　以欺诈、伪造证明材料或者其他手段骗取社会保险待遇的，应当如何处罚？

答：由社会保险行政部门责令退回骗取的社会保险金，处骗取金额 2 倍以上 5 倍以下的罚款。

依据：《中华人民共和国社会保险法》第 88 条

0882　企业提供虚假招聘信息，发布虚假招聘广告的，应当如何处罚？

答：由劳动保障行政部门责令改正，并可处以 1000 元以下罚款；对当事人造成损害的，还应该承担赔偿责任。

依据：《就业服务与就业管理规定》第 14 条第 1 项、第 67 条

0883　用人单位非法招用未满 16 周岁的未成年人，应当如何处罚？

答：由劳动行政部门责令改正，处以罚款；情节严重的，由市场监督管理部门吊销营业执照。

依据：《中华人民共和国劳动法》第 94 条

0884　用人单位违法延长劳动者工作时间的，应当如何处罚？

答：由劳动行政部门给予警告，责令改正并可以处以罚款。

依据：《中华人民共和国劳动法》第 90 条

0885 用人单位未为劳动者缴纳社会保险金，劳动者通过其他渠道自行缴纳后，是否可以要求用人单位支付该费用？

答：不可以。劳动者通过其他渠道缴纳保险费包括劳动者自行缴纳和在其他用人单位缴纳两种形式，这两种形式均与劳动关系的真实状态不符，违反社会保险法的规定。对社会保险的登记、核定、缴纳、支付等正常秩序造成影响，因此劳动争议仲裁委员会、法院不予支持。

依据：《北京市高级人民法院、北京市劳动争议仲裁委员会关于审理劳动争议案件法律适用问题研讨会会议纪要（二）》50

0886 用人单位侮辱、体罚、殴打、非法搜查或者拘禁劳动者的，应当如何处罚？

答：依法给予行政处罚。构成犯罪的，依法追究刑事责任。给劳动者造成损害的，应当承担赔偿责任。

依据：《中华人民共和国劳动合同法》第88条

0887 用人单位未依法向劳动者出具解除或者终止劳动合同的书面证明的，应当如何处罚？

答：用人单位违反《中华人民共和国劳动合同法》规定，由劳动行政部门责令改正。给劳动者造成损害的，应当承担赔偿责任。

依据：《中华人民共和国劳动合同法》第89条

0888 劳动者违反竞业限制条款约定，用人单位是否可以要求劳动者支付违约金？

答：劳动者违反竞业限制约定，应当按照约定向用人单位支付违约金。

依据：《中华人民共和国劳动合同法》第23条第2款

0889 劳动者违反劳动合同中约定的保密义务或者竞业限制，应当如何处理？

答：劳动者违反劳动合同中约定的保密义务或者竞业限制，给用人单位造成损失的，应当承担赔偿责任。

依据：《中华人民共和国劳动合同法》第23条第2款

0890 用人单位与劳动者约定的竞业限制期限超出法定期限，超出部分是否有效？

答：无效。法律规定竞业限制期限不得超过 2 年，超过 2 年以上部分无效。

依据：《中华人民共和国劳动合同法》第 24 条第 2 款

0891 用人单位与劳动者在劳动合同中是否可以协商约定违约金条款？

答：除劳动者违反服务期约定以及竞业限制约定需向用人单位支付违约金外，用人单位不得就其他事项与劳动者约定由劳动者承担违约金。

依据：《中华人民共和国劳动合同法》第 22 条、第 23 条、第 25 条

0892 用工单位使用个人、不具备合法经营资格的单位或者未依法取得劳务派遣许可证的单位派遣的农民工，应当承担什么法律责任？

答：用工单位使用个人、不具备合法经营资格的单位或者未依法取得劳务派遣许可证的单位派遣的农民工，拖欠农民工工资的，由用工单位清偿，并可以依法进行追偿。

依据：《保障农民工工资支付条例》第 18 条

0893 用人单位允许个人、不具备合法经营资格或者未取得相应资质的单位以用人单位的名义对外经营，导致拖欠所招用农民工工资的，应当如何处理？

答：用人单位允许个人、不具备合法经营资格或者未取得相应资质的单位以用人单位的名义对外经营，导致拖欠所招用农民工工资的，由用人单位清偿，并可以依法进行追偿。

依据：《保障农民工工资支付条例》第 19 条第 2 款

0894 因建设单位未按照合同约定及时拨付工程款导致农民工工资拖欠的，应当如何处理？

答：因建设单位未按照合同约定及时拨付工程款导致农民工工资拖欠的，建设单位应当以未结清的工程款为限先行垫付被拖欠的

农民工工资。

依据：《保障农民工工资支付条例》第 29 条第 2 款

0895 分包单位拖欠农民工工资的，应当如何处理？

答： 分包单位拖欠农民工工资的，由施工总承包单位先行清偿，再依法进行追偿。

工程建设项目转包，拖欠农民工工资的，由施工总承包单位先行清偿，再依法进行追偿。

依据：《保障农民工工资支付条例》第 30 条第 3、4 款

0896 建设单位或者施工总承包单位将建设工程发包或者分包给个人或者不具备合法经营资格的单位，导致拖欠农民工工资的，应当如何处理？

答： 由建设单位或者施工总承包单位清偿。

依据：《保障农民工工资支付条例》第 36 条第 1 款

0897 工程建设项目违反国土空间规划、工程建设等法律法规，导致拖欠农民工工资的，应当如何处理？

答： 由建设单位清偿。

依据：《保障农民工工资支付条例》第 37 条

0898 未编制工资支付台账并依法保存，或者未向农民工提供工资清单的，应当如何处罚？

答： 由人力资源社会保障行政部门责令限期改正；逾期不改正的，对单位处 20 000 元以上 50 000 元以下的罚款，对法定代表人或者主要负责人、直接负责的主管人员和其他直接责任人员处 10 000 元以上 30 000 元以下的罚款。

依据：《保障农民工工资支付条例》第 54 条第 2 项

0899 分包单位未按月考核农民工工作量、编制工资支付表并经农民工本人签字确认的，应当如何处罚？

答： 由人力资源社会保障行政部门、相关行业工程建设主管部门按照职责责令限期改正；逾期不改正的，处 50 000 元以上 100 000 元以下的罚款。

依据：《保障农民工工资支付条例》第 56 条第 1 项

0900 对于建设资金不到位、违法违规开工建设的社会投资工程建设项目拖欠农民工工资的，应当如何处罚？

答：由人力资源社会保障行政部门、其他有关部门按照职责依法对建设单位进行处罚；对建设单位负责人依法依规给予处分。相关部门工作人员未依法履行职责的，由有关机关依法依规给予处分。

依据：《保障农民工工资支付条例》第 61 条

0901 用人单位一时难以支付拖欠的农民工工资或者拖欠农民工工资逃匿的，应当如何处理？

答：县级以上地方人民政府可以动用应急周转金，先行垫付用人单位拖欠的农民工部分工资或者基本生活费。对已经垫付的应急周转金，应当依法向拖欠农民工工资的用人单位进行追偿。

依据：《保障农民工工资支付条例》第 63 条

0902 劳务派遣单位、用工单位违反有关劳务派遣规定的，应当如何处罚？

答：劳务派遣单位、用工单位违反《中华人民共和国劳动合同法》有关劳务派遣规定的，由劳动行政部门责令限期改正；逾期不改正的，以每人 5000 元以上 10 000 元以下的标准处以罚款，对劳务派遣单位，吊销其劳务派遣业务经营许可证。用工单位给被派遣劳动者造成损害的，劳务派遣单位与用工单位承担连带赔偿责任。

依据：《中华人民共和国劳动合同法》第 92 条第 2 款

0903 用人单位未经许可，擅自经营劳务派遣业务的，应当如何处罚？

答：由劳动行政部门责令停止违法行为，没收违法所得，并处违法所得 1 倍以上 5 倍以下的罚款；没有违法所得的，可以处 50 000 元以下的罚款。

依据：《中华人民共和国劳动合同法》第 92 条第 1 款

0904 对不具备合法经营资格的用人单位，应当如何处罚？

答：对不具备合法经营资格的用人单位的违法犯罪行为，依法追究法律责任；劳动者已经付出劳动的，该单位或者其出资人应当依照本法有关规定向劳动者支付劳动报酬、经济补偿、赔偿金；给劳动者造成损害的，应当承担赔偿责任。

依据：《中华人民共和国劳动合同法》第 93 条

`0905` 无营业执照或者未经依法登记、备案的单位以及被依法吊销营业执照或者撤销登记、备案的单位的职工受到事故伤害或者患职业病的，应当如何处理？

答：由该单位向伤残职工或者死亡职工的近亲属给予一次性赔偿，赔偿标准不得低于《工伤保险条例》规定的工伤保险待遇。

依据：《工伤保险条例》第 66 条

`0906` 用工单位违反法律、法规规定将承包业务转包给不具备用工主体资格的组织或者自然人，该组织或者自然人聘用的职工从事承包业务时因工伤亡的，应当如何处理？

答：用工单位应承担工伤保险责任。

依据：《最高人民法院关于审理工伤保险行政案件若干问题的规定》第 3 条第 4 项

`0907` 农民工在建筑施工过程中发生工伤损害的，应当如何承担责任？

答：建筑施工企业未为农民工办理工伤社会保险的，对在建筑施工过程中发生工伤损害的农民工承担工伤保险待遇赔偿。建筑施工企业将工程违法分包或非法转包给没有用工主体资格的单位或人员时，农民工不能享受工伤保险待遇时，建筑施工企业对工伤保险待遇赔偿承担连带赔偿责任。

依据：《北京市高级人民法院、北京市劳动争议仲裁委员会关于审理劳动争议案件法律适用问题研讨会会议纪要（二）》19

`0908` 对私自雇用外国人的单位和个人，应当如何处罚？

答：公安机关可以处 5000 元以上、50 000 元以下的罚款，并责令其承担遣送私自雇用的外国人的全部费用。

依据：《中华人民共和国外国人入境出境管理法实施细则》第 44 条

0909　弄虚作假骗取签证、停留居留证件等出境入境证件的，应当如何处罚？

答：处 2000 元以上 5000 元以下罚款；情节严重的，处 10 日以上 15 日以下拘留，并处 5000 元以上 20 000 元以下罚款。单位有前款行为的，处 10 000 元以上 50 000 元以下罚款，并对其直接负责的主管人员和其他直接责任人员依照前款规定予以处罚。

依据：《中华人民共和国出境入境管理法》第 73 条

0910　违法为外籍人员出具邀请函件或者其他申请材料的，应当如何处罚？

答：处 5000 元以上 10 000 元以下罚款，有违法所得的，没收违法所得，并责令其承担所邀请外国人的出境费用。单位有前款行为的，处 10 000 元以上 50 000 元以下罚款，有违法所得的，没收违法所得，并责令其承担所邀请外国人的出境费用，对其直接负责的主管人员和其他直接责任人员依照前款规定予以处罚。

依据：《中华人民共和国出境入境管理法》第 74 条

0911　对伪造、涂改、冒用、转让、买卖就业证和许可证书的外国人和用人单位，应当如何处罚？

答：由劳动行政部门收缴就业证和许可证书，没收其非法所得，并处以 10 000 元以上 100 000 元以下的罚款；情节严重构成犯罪的，移送司法机关依法追究刑事责任。

依据：《外国人在中国就业管理规定》第 29 条

0912　以欺诈、伪造证明材料或者其他手段骗取社会保险待遇的，应当如何处罚？

答：由社会保险行政部门责令退还，处骗取金额 2 倍以上 5 倍以下的罚款。构成刑事犯罪的，还应依法追究刑事责任。

依据：《中华人民共和国社会保险法》第 88 条、第 94 条

0913　用人单位、工伤职工或者其近亲属骗取工伤保险待遇，应当如何处罚？

答：由社会保险行政部门责令退还，处骗取金额 2 倍以上 5 倍以下的罚款；情节严重，构成犯罪的，依法追究刑事责任。

依据：《工伤保险条例》第 60 条

0914 用人单位拒不支付劳动者劳动报酬的，应当如何处罚？

答：以转移财产、逃匿等方法逃避支付劳动者的劳动报酬或者有能力支付而不支付劳动者的劳动报酬，数额较大，经政府有关部门责令支付仍不支付的，处 3 年以下有期徒刑或者拘役，并处或者单处罚金。造成严重后果的，处 3 年以上 7 年以下有期徒刑，并处罚金。单位犯前款罪的，对单位判处罚金，并对其直接负责的主管人员和其他直接责任人员，依照前款的规定处罚。有此行为，尚未造成严重后果，在提起公诉前支付劳动者的劳动报酬，并依法承担相应赔偿责任的，可以减轻或者免除处罚。

依据：《中华人民共和国刑法》第 276 条之一

0915 用人单位拐骗童工、强迫童工劳动的，应当如何处罚？

答：用人单位非法招用未满 16 周岁的未成年人的，由劳动行政部门责令改正，处以罚款；情节严重的，由市场监督管理部门吊销营业执照。拐骗童工，强迫童工劳动，使用童工从事高空、井下、放射性、高毒、易燃易爆以及国家规定的第四级体力劳动强度的劳动，使用不满 14 周岁的童工，或者造成童工死亡或者严重伤残的，依照刑法关于拐卖儿童罪、强迫劳动罪或者其他罪的规定，依法追究刑事责任。

依据：

1. 《中华人民共和国劳动法》第 94 条

2. 《禁止使用童工规定》第 11 条

0916 用人单位以暴力、威胁或者非法限制人身自由的手段强迫劳动者劳动的，应当如何处罚？

答：由公安机关依法给予行政处罚。构成犯罪的，依法追究刑事责任。给劳动者造成损害的，应当承担赔偿责任。以暴力、威胁或者限制人身自由的方法强迫他人劳动构成犯罪的，处 3 年以下有期徒刑或者拘役，并处罚金；情节严重的，处 3 年以上 10 年以下有期徒刑，并处罚金。单位犯前款罪的，对单位判处罚金，并对其直接负责的主管人员和其他直接责任人员依照前款的规定处罚。

依据：

1.《中华人民共和国劳动合同法》第 88 条

2.《中华人民共和国刑法》第 244 条

0917　劳动者提供虚假资料等欺诈手段与用人单位签订劳动合同，应当如何处理？

答：双方签订的劳动合同无效或者部分无效。

依据：

1.《中华人民共和国劳动法》第 18 条

2.《中华人民共和国劳动合同法》第 26 条第 1 款第 1 项

0918　劳动者泄露用人单位的商业秘密，应当如何处理？

答：给用人单位造成损失的，劳动者应当承担赔偿责任。

依据：《中华人民共和国劳动合同法》第 90 条

0919　劳动者侵犯用人单位商业秘密，是否构成犯罪？

答：有下列侵犯商业秘密行为之一，给商业秘密的权利人造成重大损失的，处 3 年以下有期徒刑，并处或者单处罚金；造成特别严重后果的，处 3 年以上 10 年以下有期徒刑，并处罚金：

1．以盗窃、贿赂、欺诈、胁迫、电子侵入或者其他不正当手段获取权利人的商业秘密的；

2．披露、使用或者允许他人使用以前项手段获取的权利人的商业秘密的；

3．违反保密义务或者违反权利人有关保守商业秘密的要求，披露、使用或者允许他人使用其所掌握的商业秘密的。

明知前款所列行为，获取、披露、使用或者允许他人使用商业秘密的，以侵犯商业秘密论。

本条所称权利人，是指商业秘密的所有人和经商业秘密所有人许可的商业秘密使用人。

依据：《中华人民共和国刑法》第 219 条

0920　用人单位侵犯其他单位的商业秘密，应当如何处理？

答：由监督检查部门责令停止违法行为，没收违法所得，处 100 000 元以上 1 000 000 元以下的罚款；情节严重的，处 500 000 元以上 5 000 000 元以下的罚款。

依据：《中华人民共和国反不正当竞争法》第 9 条、第 21 条

0921 劳动者"不辞而别"，应当如何处理？

答：劳动者违法解除劳动合同或者违反劳动合同中约定的保密义务或者竞业限制，给用人单位造成损失的，应当承担赔偿责任。

依据：《中华人民共和国劳动合同法》第 90 条

0922 因劳动者本人原因给用人单位造成经济损失的，应当如何处理？

答：用人单位可按照劳动合同的约定要求劳动者赔偿经济损失。经济损失的赔偿，可从劳动者本人的工资中扣除，但每月扣除的部分不得超过劳动者当月工资的 20%。若扣除后的剩余工资部分低于当地月最低工资标准，则按最低工资标准支付。

依据：《工资支付暂行规定》第 16 条

0923 劳动者违反规定或劳动合同的约定解除劳动合同，应当赔偿用人单位哪些损失？

答：劳动者违反规定或劳动合同的约定解除劳动合同，对用人单位造成损失的，劳动者应赔偿用人单位下列损失：

1. 用人单位招收录用其所支付的费用；

2. 用人单位为其支付的培训费用，双方另有约定的按约定办理；

3. 对生产、经营和工作造成的直接经济损失；

4. 劳动合同约定的其他赔偿费用。

依据：《违反〈劳动法〉有关劳动合同规定的赔偿办法》第 4 条

0924 劳动者违反与用人单位的竞业限制条款的，是否应当承担违约责任？

答：用人单位与劳动者在劳动合同或保密协议中与劳动者约定竞业限制条款，并约定在解除或者终止劳动合同后，在竞业限制期限内按月给予劳动者经济补偿。劳动者违反竞业限制约定的，应当按照约定向用人单位支付违约金。

依据：《中华人民共和国劳动合同法》第 23 条

0925　劳动者利用职务上的便利，将用人单位财物非法占为己有，是否构成犯罪？

答：劳动者利用职务上的便利，将本单位财物非法占为己有，数额较大的，处 3 年以下有期徒刑或者拘役，并处罚金；数额巨大的，处 3 年以上 10 年以下有期徒刑，并处罚金；数额特别巨大的，处 10 年以上有期徒刑或者无期徒刑，并处罚金。

依据：《中华人民共和国刑法》第 271 条

0926　劳动者利用职务上的便利，挪用用人单位的资金归个人使用或者借贷给他人的，是否构成犯罪？

答：利用职务上的便利，挪用本单位资金归个人使用或者借贷给他人，数额较大、超过 3 个月未还的，或者虽未超过 3 个月，但数额较大、进行营利活动的，或者进行非法活动的，构成挪用资金罪，处 3 年以下有期徒刑或者拘役。挪用本单位资金数额巨大的，处 3 年以上 7 年以下有期徒刑；数额特别巨大的，处 7 年以上有期徒刑。

依据：《中华人民共和国刑法》第 272 条

0927　劳动者为谋取不正当利益，给予公司、企业或者其他单位的工作人员以财物，是否构成犯罪？

答：为谋取不正当利益，给予公司、企业或者其他单位的工作人员以财物，数额较大的，构成对非国家工作人员行贿罪，处 3 年以下有期徒刑或者拘役，并处罚金。数额巨大的，处 3 年以上 10 年以下有期徒刑，并处罚金。

为谋取不正当商业利益，给予外国公职人员或者国际公共组织官员以财物的，依照前款的规定处罚。

单位犯前两款罪的，对单位判处罚金，并对其直接负责的主管人员和其他直接责任人员，依照第 1 款的规定处罚。

行贿人在被追诉前主动交代行贿行为的，可以减轻处罚或者免除处罚。

依据：《中华人民共和国刑法》第 164 条

0928 劳动者利用职务上的便利，索取他人财物或者非法收受他人财物，为他人谋取利益，是否构成犯罪？

答：公司、企业或者其他单位的工作人员利用职务上的便利，索取他人财物或者非法收受他人财物，为他人谋取利益，数额较大的，构成非国家工作人员受贿罪，处3年以下有期徒刑或者拘役，并处罚金；数额巨大或者有其他严重情节的，处3年以上10年以下有期徒刑，并处罚金；数额特别巨大或者有其他特别严重情节的，处10年以上有期徒刑或者无期徒刑，并处罚金。

公司、企业或者其他单位的工作人员在经济往来中，利用职务上的便利，违反国家规定，收受各种名义的回扣、手续费，归个人所有的，依照前款的规定处罚。

国有公司、企业或者其他国有单位中从事公务的人员和国有公司、企业或者其他国有单位委派到非国有公司、企业以及其他单位从事公务的人员有前两款行为的，依照受贿罪的规定定罪处罚。

依据：《中华人民共和国刑法》第163条

0929 劳动者故意毁坏用人单位财物，应当如何处罚？

答：故意毁坏公私财物，数额较大或者有其他严重情节的，构成故意毁坏财物罪，处3年以下有期徒刑、拘役或者罚金。数额巨大或者有其他特别严重情节的，处3年以上7年以下有期徒刑。

依据：《中华人民共和国刑法》第275条

0930 用人单位的劳动安全设施和劳动卫生条件不符合国家规定或者未向劳动者提供必要的劳动防护用品和劳动保护设施的，应当如何处罚？

答：由劳动行政部门或者有关部门责令改正，可以处以罚款；情节严重的，提请县级以上人民政府决定责令停产整顿。对事故隐患不采取措施，致使发生重大事故，造成劳动者生命和财产损失的，对责任人员依照刑法有关规定追究刑事责任。

依据：《中华人民共和国劳动法》第92条

0931 用人单位强令劳动者违章冒险作业，发生重大伤亡事故，造成严重后果的，应当如何处罚？

答： 对责任人员依法追究刑事责任。

依据：《中华人民共和国劳动法》第 93 条

0932 用人单位发生重大伤亡事故的，应当如何处罚？

答： 在生产、作业中违反有关安全管理的规定，因而发生重大伤亡事故或者造成其他严重后果的，构成重大责任事故罪，处 3 年以下有期徒刑或者拘役。情节特别恶劣的，处 3 年以上 7 年以下有期徒刑。

强令他人违章冒险作业，或者明知存在重大事故隐患而不排除，仍冒险组织作业，因而发生重大伤亡事故或者造成其他严重后果的，处 5 年以下有期徒刑或者拘役。情节特别恶劣的，处 5 年以上有期徒刑。

依据：《中华人民共和国刑法》第 134 条

0933 用人单位的安全生产设施或者安全生产条件不符合国家规定，因而发生重大伤亡事故的，应当如何处罚？

答： 用人单位的安全生产设施或者安全生产条件不符合国家规定，因而发生重大伤亡事故或者造成其他严重后果的，构成重大劳动安全事故罪，对直接负责的主管人员和其他直接责任人员，处 3 年以下有期徒刑或者拘役。情节特别恶劣的，处 3 年以上 7 年以下有期徒刑。

依据：《中华人民共和国刑法》第 135 条

0934 用人单位违反国家规定降低工程质量标准，造成重大安全事故的，应当如何处罚？

答： 建设单位、设计单位、施工单位、工程监理单位违反国家规定，降低工程质量标准，造成重大安全事故的，构成工程重大安全事故罪，对直接责任人员，处 5 年以下有期徒刑或者拘役，并处罚金。后果特别严重的，处 5 年以上 10 年以下有期徒刑，并处罚金。

依据：《中华人民共和国刑法》第 137 条

> **0935** 用人单位违反消防管理法规，经消防监督机构通知采取改正措施而拒绝执行，造成严重后果的，应当如何处罚？

答：违反消防管理法规，经消防监督机构通知采取改正措施而拒绝执行，造成严重后果的，构成消防责任事故罪，对直接责任人员，处 3 年以下有期徒刑或者拘役。后果特别严重的，处 3 年以上 7 年以下有期徒刑。

依据：《中华人民共和国刑法》第 139 条

> **0936** 用人单位在安全事故发生后，负有报告职责的人员不报或者谎报事故情况，贻误事故抢救，情节严重的，应当如何处罚？

答：在安全事故发生后，用人单位负有报告职责的人员不报或者谎报事故情况，贻误事故抢救，情节严重的，构成不报、谎报安全事故罪，处 3 年以下有期徒刑或者拘役。情节特别严重的，处 3 年以上 7 年以下有期徒刑。

依据：《中华人民共和国刑法》第 139 条之一

> **0937** 用人单位违反有关建立职工名册规定的，应当如何处罚？

答：由劳动行政部门责令限期改正；逾期不改正的，由劳动行政部门处 2000 元以上 20 000 元以下的罚款。

依据：《中华人民共和国劳动合同法实施条例》第 33 条

> **0938** 用人单位违法解除或者终止劳动合同，应当承担什么法律责任？

答：用人单位违法解除或者终止劳动合同的，应当依照法定经济补偿标准的 2 倍支付劳动者赔偿金。

依据：《中华人民共和国劳动合同法》第 87 条

> **0939** 劳务派遣单位、用工单位违反有关劳务派遣规定的，应当如何处罚？

答：劳务派遣单位、用工单位违反有关劳务派遣规定的，由劳动行政部门责令限期改正；逾期不改正的，以每人 5000 元以上 10 000元以下的标准处以罚款，对劳务派遣单位，吊销其劳务派遣业务经营许可证。用工单位给被派遣劳动者造成损害的，劳务派遣单位与用工单位承担连带赔偿责任。

依据：《中华人民共和国劳动合同法》第92条第2款

0940 个人承包经营违法招用劳动者的，应当如何处理？

答：个人承包经营违反本法规定招用劳动者，给劳动者造成损害的，发包的组织与个人承包经营者承担连带赔偿责任。

依据：《中华人民共和国劳动合同法》第94条

0941 劳动者自用工之日起满1年未与用人单位订立书面劳动合同的，应当如何处理？

答：用人单位自用工之日起满1年未与劳动者订立书面劳动合同的，自用工之日起满1个月的次日至满1年的前一日应当依法向劳动者每月支付2倍的工资，并视为自用工之日起满1年的当日已经与劳动者订立无固定期限劳动合同，应当立即与劳动者补订书面劳动合同。

依据：

1. 《中华人民共和国劳动合同法实施条例》第7条
2. 《中华人民共和国劳动合同法》第82条

0942 用人单位录用应聘者后，因受疫情影响未能办理入职手续，用人单位可以取消录用吗？

答：不能取消录用。应聘者应聘用人单位后被录用，双方已经就此达成合意。用人单位取消录用，违背诚实信用原则，侵害了应聘者的合法权益，依法应当承担缔约过失责任。

依据：《中华人民共和国民法典》第 500 条第 3 项

0943 用人单位能否因应聘者曾感染新冠肺炎或者来自新冠肺炎疫区为由拒绝录用？

答：不能拒绝录用。用人单位不得存在就业歧视。劳动者因此遭受就业歧视的，可以向人民法院提起诉讼，维护其合法权益。

依据：《中华人民共和国就业促进法》第 3 条、第 26 条、第 30 条、第 62 条

0944 用人单位受疫情影响无法与劳动者订立或续订书面劳动合同，劳动者要求用人单位支付未订立或续订书面劳动合同 2 倍工资差额，用人单位是否应赔偿 2 倍工资？

答：不应赔偿 2 倍工资。用人单位能够举证证明已提出订立或续订书面劳动合同，但因受疫情影响客观上无法与劳动者订立或续订劳动合同，劳动者要求支付该期间未订立或续订书面劳动合同 2 倍工资差额的，不予支持。

依据：《北京市高级人民法院、北京市劳动人事争议仲裁委员会关于审理新型冠状病毒感染肺炎疫情防控期间劳动争议案件法律适

用问题的解答》3

0945　用人单位于 2020 年春节假期开始前招聘劳动者并约定春节假期结束后入职计薪，因疫情影响受聘劳动者无法按约定入职的，如何确定用人单位与劳动者的劳动关系建立时间？

答：应按照用人单位与劳动者实际用工时间确定劳动关系建立时间，依法支付劳动报酬。用人单位以灵活用工方式已经安排劳动者提供劳动的，劳动者开始提供劳动之日为用人单位开始用工之日。

依据：《北京市高级人民法院、北京市劳动人事争议仲裁委员会关于审理新型冠状病毒感染肺炎疫情防控期间劳动争议案件法律适用问题的解答》2

0946　劳动者因疫情原因无法正常返岗上班，用人单位可否因新冠疫情原因延长试用期？

答：劳动者在试用期内因客观原因不能返岗上班，用人单位可以采取灵活的试用考察方式考核劳动者是否符合录用条件。无法采取灵活考察方式实现试用期考核目的的，用人单位与劳动者协商顺延试用期，不违反《中华人民共和国劳动合同法》第 19 条第 2 款关于"同一用人单位与同　劳动者只能约定一次试用期"的规定精神。劳动者因上述原因导致无法正常提供劳动的期间不应计算在原约定的试用期内，不应视为延长了原约定的试用期。

如扣除受疫情影响期间后实际履行的试用期超过原约定试用期的，劳动者可以要求用人单位以试用期满月工资为标准支付超出原约定试用期之后实际履行期间的工资差额，并根据《中华人民共和国劳动合同法》第 83 条的规定要求用人单位以试用期满月工资为标准支付该期间赔偿金。

依据：

1.《中华人民共和国劳动合同法》第 19 条、第 83 条

2.《北京市高级人民法院、北京市劳动人事争议仲裁委员会关于审理新型冠状病毒感染肺炎疫情防控期间劳动争议案件法律适用问题的解答》5

0947　疫情期间，用人单位能否以劳动者处于试用期为由解

除劳动合同？

答： 不可以。用人单位不得随意解除试用期劳动合同。用人单位在试用期内解除劳动合同，必须具有劳动者不符合录用条件等法定理由，否则构成违法解除劳动合同，应承担相应的法律责任。

依据：

1. 《中华人民共和国劳动合同法》第 21 条、第 39 条第 1 款

2. 《北京市高级人民法院、北京市劳动人事争议仲裁委员会关于审理劳动争议案件法律适用问题的解答》11

0948 用人单位因对疫情防控期间工资待遇支付等政策掌握不够透彻，导致对劳动者的劳动报酬少发或漏发，劳动者能否依据劳动合同法提出解除劳动合同，要求支付解除劳动合同经济补偿？

答： 不可以。疫情防控期间客观存在劳动报酬计算标准不明确等情形，因用人单位和劳动者对疫情防控期间工资待遇的计算标准存在合理认识偏差，需要经过仲裁或者审判机关审理等才能确定是否构成拖欠的，此种情形下用人单位不存在恶意或重大过失，故对劳动者要求用人单位支付解除劳动合同经济补偿的请求一般法院不予支持。

依据：《北京市高级人民法院、北京市劳动人事争议仲裁委员会关于审理新型冠状病毒感染肺炎疫情防控期间劳动争议案件法律适用问题的解答》18

0949 劳动者故意隐瞒感染或疑似感染新型冠状病毒肺炎，拒不配合接受检查、强制隔离或者治疗，或者劳动者拒不遵守或接受政府疫情防控措施安排，造成重大社会影响或严重后果的，用人单位是否可以解除劳动合同？

答： 可以。用人单位能够举证证明上述情形的，可与劳动者解除劳动合同并无需支付经济补偿。

依据：

1. 《中华人民共和国劳动合同法》第 39 条第 2 项

2. 《北京市高级人民法院、北京市劳动人事争议仲裁委员会关于审理劳动争议案件法律适用问题的解答》13

3.《北京市高级人民法院、北京市劳动人事争议仲裁委员会关于审理新型冠状病毒感染肺炎疫情防控期间劳动争议案件法律适用问题的解答》21

0950 疫情期间，如何认识企业之间的"共享用工"？

答：应从以下几个方面认识企业之间的"共享用工"：

1. 一些缺少劳动力资源的企业与尚未复工的企业之间实行"共享用工"，进行劳动力用工余缺调剂，在一定程度上提高了人力资源配置效率；

2. "共享用工"并不会改变原用人单位和劳动者之间的劳动关系，原用人单位应依法保障劳动者的劳动报酬、福利待遇及社会保险等权益，并督促借调单位提供必要的劳动保护和劳动条件，合理安排劳动者的工作时间和工作任务，保障劳动者身体健康和生产安全；

3. 合作企业与劳动者可就"共享用工"签订民事协议，明确各方的权利义务关系；

4. "共享用工"中，原用人单位不得以营利为目的对外借出员工；

5. 原用人单位和借调单位均不得以"共享用工"之名从事违法的劳务派遣活动，或者诱导劳动者注册为个体工商户以规避劳动用工责任。

依据：《国务院办公厅关于进一步优化营商环境更好服务市场主体的实施意见》四

0951 "共享用工"有哪些用工形式？

答："共享用工"已不是一个新概念，只是共享经济下衍生的一种新态势，同时也是当下"灵活用工"模式下的一种补充和体现。当然，除了生鲜、外卖等行业，互联网行业也在积极运用这种创新模式。疫情期间，复工状态出现了行业上的不均衡，目前，全国范围内有很多企业加入到"共享用工"模式之中。"共享用工"模式有以下两种形式：

1. 企业之间签署"共享用工"协议，或者二企业与劳动者签署三方借调协议，劳动者由原用人单位派驻至借调单位工作；

2. 用工单位直接在相关平台上招募因疫情无法复工的劳动者，签署相关用工协议。

用人单位在"共享用工"时与其他用工单位采用合作方式，与劳动者三方就权利义务进行约定，共同维护劳动关系的稳定性。

依据：《人力资源和社会保障部、全国总工会、中国企业联合会/中国企业家协会、全国工商联关于做好新型冠状病毒感染肺炎疫情防控期间稳定劳动关系支持企业复工复产的意见》二、（三）

0952 "共享员工"与原用人单位、借调单位，是否存在双重劳动关系？

答：一般不存在双重劳动关系。"共享员工"与原用人单位存在劳动关系，一般与借调单位不存在劳动关系。

依据：

1.《人力资源和社会保障部、全国总工会、中国企业联合会/中国企业家协会、全国工商联关于做好新型冠状病毒感染肺炎疫情防控期间稳定劳动关系支持企业复工复产的意见》二

2.《劳动部关于贯彻执行〈中华人民共和国劳动法〉若干问题的意见》二、（一）、7

0953 疫情防控期间，用工单位临时借用其他用人单位的劳动者提供劳动，劳动者在借用期间的劳动报酬、社会保险费、工伤保险待遇等由谁承担？

答：由出借单位承担用人单位主体责任。出借单位与借用单位可就劳动者被借用期间的劳动报酬、社会保险费、工伤保险待遇等约定补偿办法。排除出借单位承担用人单位主体责任的约定无效。

依据：《北京市高级人民法院、北京市劳动人事争议仲裁委员会关于审理新型冠状病毒感染肺炎疫情防控期间劳动争议案件法律适用问题的解答》22

0954　用人单位合规复工复产后，劳动者不愿复工，用人单位是否可以以此为由解除劳动合同？

答：可以。用人单位应加强特殊时期对劳动者的人文关怀，用人单位能够举证证明劳动者经催告、劝导无效或以其他非正当理由拒绝返岗的，可以依法解除劳动合同。

依据：

1.《中华人民共和国劳动合同法》第39条第2项

2.《北京市高级人民法院、北京市劳动人事争议仲裁委员会关于审理新型冠状病毒感染肺炎疫情防控期间劳动争议案件法律适用问题的解答》20

0955　用人单位在疫情防控期间未能向返岗复工的劳动者提供口罩、消毒液等防护用品，劳动者是否可以依据劳动合同法提出解除劳动合同，要求支付解除劳动合同经济补偿？

答：不可以。除日常工作中医护、检疫、防疫、消毒等特殊岗位或在疫情防控期间从事疫情防控等相关工作，用人单位必须提供口罩、消毒液等防护用品而未提供的情形外，对劳动者的该项请求法院一般不予支持。

依据：《北京市高级人民法院、北京市劳动人事争议仲裁委员会关于审理新型冠状病毒感染肺炎疫情防控期间劳动争议案件法律适用问题的解答》19

0956　用人单位在未复工期间，是否需要处理劳动合同续订事宜？

答：需要处理。在未复工期间，用人单位需要妥善处理劳动合同续订事宜，用人单位可与劳动者通过电子邮件或其他电子数据等方式先行确认。待复工后予以补签或者续签劳动合同。

依据：《人力资源和社会保障部办公厅关于妥善处理新型冠状病毒感染的肺炎疫情防控期间劳动关系问题的通知》一

0957　因受疫情影响，用人单位的集体合同到期后无法及时重新签订的，可否顺延集体合同期限？

答：受疫情影响，用人单位的集体合同到期后无法及时履行法定民主程序重新签订集体合同的，用人单位可以通过电话、短信、微信、电话会议等适当方式征求劳动者代表或者全体劳动者顺延集体合同期限的意见，双方协商一致后可以顺延集体合同期限，并以适当方式予以公示。

依据：《中华人民共和国劳动合同法》第 35 条

0958　对新型冠状病毒感染的肺炎患者、病原携带者（无症状感染者）、疑似病人、密切接触者在其隔离治疗期间或医学观察期间，如何支付工资待遇？

答：由用人单位按照劳动者正常工作期间工资待遇中基本工资、岗位工资等固定构成部分支付，可以不支付绩效、奖金、提成等劳动报酬中非固定构成部分以及与实际出勤相关的车补、饭补等款项，但不得低于本市最低工资标准。上述期间，用人单位安排上述人员灵活办公的，按照劳动者正常出勤支付劳动报酬。

用人单位停工停业的，上述劳动者的工资待遇按照《北京市工资支付规定》第 27 条处理。

有证据证明劳动者本人不遵守政府防控措施导致被隔离治疗或接受医学观察无法提供劳动的，用人单位可以比照事假处理。

依据：《北京市高级人民法院、北京市劳动人事争议仲裁委员会关于审理新型冠状病毒感染肺炎疫情防控期间劳动争议案件法律适用问题的解答》10

0959　劳动者结束隔离措施后，如需要继续治疗的，应按什么标准确定工资待遇？

答：劳动者在隔离措施结束后，仍需停止工作继续治疗的（无论是否被诊断患有新型冠状病毒肺炎），按医疗期有关规定支付病假工资，病假工资支付标准按《北京市工资支付规定》第 21 条执行。但劳动者被依法认定为工伤的，按照《工伤保险条例》的相关规定处理。

依据：《北京市高级人民法院、北京市劳动人事争议仲裁委员会关于审理新型冠状病毒感染肺炎疫情防控期间劳动争议案件法律适用问题的解答》11

0960 受疫情影响延迟复工或未返岗期间，对不能提供正常劳动的劳动者，如何支付工资待遇？

答：用人单位安排劳动者优先使用带薪年休假等各类假（包括用人单位自设的福利假）、综合调剂使用 2020 年度内休息日的，按照相关休假规定或劳动者正常出勤支付劳动报酬。

用人单位可以依据与劳动者协商一致调整后的工资标准支付劳动报酬，调整后的工资标准不得低于本市最低工资标准。

未复工时间较短（一般不超过 1 个月）且不存在第 1 款、第 2 款情形的，由用人单位按照劳动者正常工作期间劳动报酬中基本工资、岗位工资等固定构成部分支付，可以不支付绩效、奖金、提成等劳动报酬中非固定构成部分以及与实际出勤相关的车补、饭补等款项，但不得低于本市最低工资标准。

未复工时间较长且不存在第 1 款、第 2 款情形的，参照《北京市工资支付规定》第 27 条向劳动者支付工资待遇。对于滞留湖北未返京劳动者自 2020 年 3 月起基本生活费的发放，按照《关于稳定滞留湖北未返京人员劳动关系有关措施的通知》执行。

出差执行工作任务的劳动者，因疫情防控未能及时返京期间的工资待遇由用人单位按正常工作期间劳动报酬支付。未返京期间用人单位停工停业的，按照《北京市工资支付规定》第 27 条处理。出差职工滞留期间的差旅费由用人单位承担。

用人单位劳务派遣职工参照本条规定执行。

依据：《北京市高级人民法院、北京市劳动人事争议仲裁委员会关于审理新型冠状病毒感染肺炎疫情防控期间劳动争议案件法律适用问题的解答》12

0961 对于在全国多地用工的用人单位，有关劳动者的最低工资标准、劳动保护、劳动条件、职业危害防护和本地区上年度职工月平均工资标准等事项如何确定？

答：以劳动合同履行地的有关规定为准，除非用人单位注册地的标准高于劳动合同履行地的标准，而且用人单位与劳动者约定按照用人单位注册地的有关规定执行。

依据：《中华人民共和国劳动合同法实施条例》第 14 条

0962 疫情原因导致用人单位停工停业或劳动者因疫情防控原因无法返岗复工，用人单位未经过协商一致安排劳动者待岗，劳动者能否以待岗安排未经过协商一致为由主张安排无效，要求按照正常工资标准支付待岗期间工资差额？

答：不可以。疫情原因导致用人单位停工停业安排劳动者待岗的，《北京市工资支付规定》并未规定此种情形下须双方协商一致；劳动者因疫情防控原因无法返岗复工，在上述情形下用人单位安排劳动者待岗，亦不可归责于用人单位，虽鼓励协商但不宜严格要求双方必须协商一致，对劳动者的请求法院不予支持。

依据：

1. 《北京市工资支付规定》第 27 条

2. 《北京市高级人民法院、北京市劳动人事争议仲裁委员会关于审理新型冠状病毒感染肺炎疫情防控期间劳动争议案件法律适用问题的解答》15

0963 疫情防控期间，用人单位安排劳动者在家上班或灵活办公，用人单位降低劳动报酬，劳动者能否要求支付工资差额？

答：可以。除经协商一致降低劳动报酬外，用人单位安排劳动者在家上班或灵活办公，一般应视为劳动者正常出勤，劳动者有权要求支付工资差额。

依据：《北京市高级人民法院、北京市劳动人事争议仲裁委员会关于审理新型冠状病毒感染肺炎疫情防控期间劳动争议案件法律适用问题的解答》9

0964 新型冠状病毒感染的肺炎患者结束治疗进行隔离观察期间，或劳动者返京到岗上班须先行隔离观察 14 天期间，用人单位是否需要支付工资？

答：需要。上述期间不属于《中华人民共和国传染病防治法》第 41 条规定的隔离期间。用人单位安排劳动者在家上班或灵活办公的或用人单位未安排劳动者提供劳动的，均需支付工资待遇。

自北京新型冠状病毒肺炎疫情防控工作领导小组办公室于 2020

年 2 月 14 日发布《关于进一步明确疫情防控期间返京人员有关要求的通告》之时起，在京劳动者因私出京返京后的隔离期间无法提供劳动的，用人单位可以比照事假处理。

依据：《北京市高级人民法院、北京市劳动人事争议仲裁委员会关于审理新型冠状病毒感染肺炎疫情防控期间劳动争议案件法律适用问题的解答》13

0965 劳动者提出离职申请，用人单位因疫情防控延迟复工未按期办理离职手续，辞职是否有效？

答：辞职有效。劳动者不能要求撤回离职申请继续履行劳动合同。如劳动者提出辞职为其真实的意思表示，而且不存在欺诈、胁迫或者乘人之危等情形，因受疫情影响未能及时办理离职手续的，不影响辞职的法律效力。离职申请自送达用人单位之日起即发生法律效力，因疫情防控无法按期办理离职手续不影响离职申请的效力，劳动者不能要求撤回离职申请继续履行劳动合同，但劳动者提出离职至办理离职手续期间的劳动报酬，可根据劳动者实际提供劳动的情况分别确定。

依据：

1. 《中华人民共和国劳动合同法》第 37 条

2. 《北京市高级人民法院、北京市劳动人事争议仲裁委员会关于审理新型冠状病毒感染肺炎疫情防控期间劳动争议案件法律适用问题的解答》17

0966 对于新冠肺炎患者、疑似病人、密切接触者在隔离治疗期或者医学观察期以及因政府实施隔离措施或者采取其他紧急措施导致不能提供正常劳动的劳动者，用人单位可否解除劳动合同？

答：用人单位不得解除劳动合同。

依据：《北京市人力资源和社会保障局关于进一步做好疫情防控期间本市人力资源和社会保障相关工作的通知》一、（一）、1

0967 执行不定时工作制的劳动者在 2020 年春节延长假期出勤工作，劳动者能否要求支付加班工资？

答：不能。

依据：

1.《工资支付暂行规定》第 13 条第 4 款

2.《北京市高级人民法院、北京市劳动人事争议仲裁委员会关于审理新型冠状病毒感染肺炎疫情防控期间劳动争议案件法律适用问题的解答》7

0968 劳动者在用人单位工作不满 1 年，可否休带薪年休假？

答：劳动者在符合参加工作后曾经"连续工作满 12 个月"条件后，即可以当年度在用人单位已经工作时间计算，依法休带薪年休假。

依据：《北京市高级人民法院、北京市劳动人事争议仲裁委员会关于审理劳动争议案件法律适用问题的解答》18

0969 用人单位安排劳动者休带薪年休假，是否包含法定节假日、休息日？

答：不包含法定节假日、休息日。国家法定节假日、休息日不计入带薪年休假的假期。

依据：《职工带薪年休假条例》第 3 条

0970 劳动者被依法强制隔离治疗期间，用人单位可否安排休年休假？

答：不可安排休年休假。强制隔离治疗属于政府采取的一种强制措施，用人单位在此期间应正常支付工资。年休假为法定的带薪假期，劳动者在此期间享受与正常工作期间相同的工资收入，如用人单位在强制隔离治疗期间安排休年休假，则损害劳动者的合法权益。

依据：

1.《中华人民共和国传染病防治法》第 41 条第 2 款

2.《人力资源和社会保障部办公厅关于妥善处理新型冠状病毒感染的肺炎疫情防控期间劳动关系问题的通知》一

3.《北京市人力资源和社会保障局关于进一步做好疫情防控期间本市人力资源和社会保障相关工作的通知》一、（一）、1

0971　用人单位在疫情防控延迟复工期间，安排劳动者休带薪年休假或单位自设福利假等各类假，劳动者以未经过协商一致或未考虑本人意愿为由，主张已休的年休假无效，并要求相应支付未休年休假工资报酬的，是否支持？

答：依据《职工带薪年休假条例》规定，对当年（或跨 1 个年度）具体休带薪年休假的方案，由用人单位根据生产、工作的具体情况，并考虑劳动者本人意愿统筹安排，未要求用人单位必须与劳动者协商一致才可决定如何安排休带薪年休假。用人单位自设福利假等各类假同理，故对劳动者的该项请求不予支持。

依据：《北京市高级人民法院、北京市劳动人事争议仲裁委员会关于审理新型冠状病毒感染肺炎疫情防控期间劳动争议案件法律适用问题的解答》16

0972　疫情防控期间，劳动者在家看护未成年子女，如何支付看护期间的工资待遇？

答：用人单位安排劳动者看护未成年子女期间在家上班，或安排劳动者采取错时、弹性工作制等灵活方式提供劳动，或综合调剂使用年度内的休息日，按照劳动者正常出勤支付劳动报酬。

不存在上段情形的，用人单位可以依据与劳动者协商一致调整后的工资标准支付劳动报酬，调整后的工资标准不得低于北京市最低工资标准。

不存在上两段情形的，落实上述期间请假制度后，由用人单位按照劳动者正常工作期间劳动报酬中基本工资、岗位工资等固定构成部分支付，可以不支付绩效、奖金、提成等劳动报酬中非固定构成部分以及与实际出勤相关的车补、饭补等款项，但不得低于北京市最低工资标准。

劳动者居家看护未成年子女期间，如用人单位已停工停业的，按照《北京市工资支付规定》第 27 条规定执行。

劳动者未在家看护未成年子女而正常出勤提供劳动，要求用人单位支付上述期间加班费的，因缺乏明确法律法规及政策依据，不予支持。

依据：《北京市高级人民法院、北京市劳动人事争议仲裁委员会关于审理新型冠状病毒感染肺炎疫情防控期间劳动争议案件法律适用问题的解答》14

0973 劳动者因疫情防控未复工期间，如何支付绩效工资？

答：用人单位应当根据劳动合同约定及单位依法制定的绩效考核制度规定支付绩效工资。

依据：《最高人民法院关于审理劳动争议案件适用法律问题的解释（一）》第50条

0974 用人单位受疫情影响生产经营困难，如何支付工资？

答：用人单位受疫情影响生产经营困难，可以通过与劳动者协商一致采取调整薪酬、轮岗轮休、缩短工时、待岗等方式稳定工作岗位，尽量不裁员或者少裁员。用人单位因生产经营困难暂无工资支付能力的，应当向劳动者说明情况，经与工会或者劳动者代表协商一致后可以延期支付工资，但最长不得超过30日。待岗期间，在一个工资支付周期内，用人单位应当按照劳动合同规定的标准支付工资。超过一个工资支付周期的，用人单位应当按照不低于北京市最低工资标准的70%支付劳动者基本生活费。

依据：

1. 《人力资源和社会保障部办公厅关于妥善处理新型冠状病毒感染的肺炎疫情防控期间劳动关系问题的通知》第2条

2. 《人力资源和社会保障部、全国总工会、中国企业联合会/中国企业家协会、全国工商联关于做好新型冠状病毒感染肺炎疫情防控期间稳定劳动关系支持企业复工复产的意见》三、（五）

3. 《北京市人力资源和社会保障局关于进一步做好疫情防控期间本市人力资源和社会保障相关工作的通知》一、（三）

4. 《北京市工资支付规定》第26条、第27条

0975 疫情期间，被派遣劳动者是否享有与用工单位劳动者同工同酬的权利？

答：享有同工同酬的权利。被派遣劳动者享有与用工单位劳动者同工同酬的权利，用工单位无同类岗位劳动者的，参照用工单位

所在地相同或者相近岗位劳动者的劳动报酬确定。

依据：《中华人民共和国劳动合同法》第63条

0976 用人单位受新冠疫情影响导致生产经营困难，可否经济性裁员？

答：北京市参加失业保险的用人单位具有下列情况之一的，可以实施经济性裁员：

1. 濒临破产，被人民法院宣告进入法定整顿期间；

2. 连续3年经营性亏损且亏损额逐年增加，资不抵债、80%的职工停工待工、连续6个月无力按最低生活费标准支付劳动者生活费用。

依据：

1. 《中华人民共和国劳动合同法》第41条

2. 《企业经济性裁减人员规定》第2条

0977 用人单位因受疫情影响未能在发薪日支付工资，劳动者以用人单位未及时足额支付劳动报酬为由解除劳动合同要求支付经济补偿金，是否应予支持？

答：不应予以支持。用人单位因受疫情影响未能在发薪日支付工资，系因受非人力所能抗拒的新冠肺炎疫情影响所致，具有正当理由，不属于无故拖欠工资。

依据：

1. 《劳动部关于印发〈对《工资支付暂行规定》有关问题的补充规定〉的通知》四

2. 《中华人民共和国劳动合同法》第38条第1款第2项

0978 用人单位因受疫情影响未能在发薪日支付工资，是否属于无故拖欠工资？

答：不属于无故拖欠工资。无故拖欠工资是指用人单位无正当理由超过规定付薪时间未支付劳动者工资。用人单位因受非人力所能抗拒的新冠肺炎疫情影响无法按时支付工资，具有正当理由，不属于无故拖欠工资。

依据：《劳动部关于印发〈对《工资支付暂行规定》有关问题的补

充规定〉的通知》四

> **0979** 用人单位因防控疫情需要安排劳动者加班，劳动者是否有权拒绝？

答： 无权拒绝加班。因新冠肺炎疫情属于法律规定的特殊情况，并且威胁到劳动者生命健康和财产安全，需要紧急处理。用人单位为防控疫情安排劳动者加班，劳动者不得拒绝，必须服从安排。

依据：

1. 《中华人民共和国劳动法》第 42 条

2. 《人力资源和社会保障部、全国总工会、中国企业联合会/中国企业家协会、全国工商联关于做好新型冠状病毒感染肺炎疫情防控期间稳定劳动关系支持企业复工复产的意见》二、（二）

> **0980** 劳动者被确诊患新冠肺炎的，是否需要支付医疗费用？

答： 不需支付医疗费用。对于感染新冠肺炎的劳动者发生的医疗费用，在基本医保、大病保险、医疗救助等按规定支付后，劳动者个人负担部分由财政给予补助。认定工伤职工发生的相关费用，参加工伤保险的由工伤保险基金和用人单位按工伤保险有关规定支付；未参保的由用人单位按法定标准支付。

依据： 《国家医疗保障局、财政部关于做好新型冠状病毒感染的肺炎疫情医疗保障的通知》二

> **0981** 新冠肺炎患者、疑似病人、密切接触者的隔离期、医学观察期是否计入医疗期？

答： 新冠肺炎患者、疑似病人、密切接触者在其隔离治疗期间或医学观察期间，不计入医疗期。

依据：

1. 《人力资源和社会保障部办公厅关于妥善处理新型冠状病毒感染的肺炎疫情防控期间劳动关系问题的通知》一

2. 《企业职工患病或非因工负伤医疗期规定》第 2 条

> **0982** 因受疫情影响，当事人不能在劳动人事仲裁时效内申请仲裁的，如何处理？

答： 按仲裁时效中止处理。从中止时效原因消除之日起，仲裁

时效继续计算。

依据：

1.《中华人民共和国民事诉讼法》第 150 条第 1 款第 4 项

2.《人力资源和社会保障部办公厅关于妥善处理新型冠状病毒感染的肺炎疫情防控期间劳动关系问题的通知》三

第十七章 其 他 CHAPTER 17

0983 事业单位与工作人员订立的聘用合同期限，是否有特殊规定？

答：事业单位与工作人员订立的聘用合同，期限一般不低于3年。

依据：《事业单位人事管理条例》第12条

0984 初次就业的工作人员与事业单位订立聘用合同，如何约定试用期？

答：初次就业的工作人员与事业单位订立的聘用合同期限3年以上的，试用期为12个月。

依据：《事业单位人事管理条例》第13条

0985 事业单位工作人员与事业单位之间是否可以订立聘用期限至退休的聘用合同？

答：可以。事业单位工作人员在本单位连续工作满10年且距法定退休年龄不足10年，提出订立聘用至退休的合同的，事业单位应当与其订立聘用至退休的聘用合同。

依据：《事业单位人事管理条例》第14条

0986 在什么情形下，事业单位可以解除与其工作人员签订的聘用合同？

答：事业单位工作人员连续旷工超过15个工作日，或者1年内累计旷工超过30个工作日的，事业单位可以解除聘用合同。

事业单位工作人员年度考核不合格且不同意调整工作岗位，或者连续 2 年年度考核不合格的，事业单位提前 30 日书面通知，可以解除聘用合同。

事业单位工作人员受到开除处分的，解除聘用合同。

依据：《事业单位人事管理条例》第 15 条、第 16 条、第 18 条

0987 事业单位工作人员是否可以随时解除与事业单位签订的聘用合同？

答：不可以。事业单位工作人员提前 30 日书面通知事业单位，方可解除聘用合同。但是，双方对解除聘用合同另有约定的除外。

依据：《事业单位人事管理条例》第 17 条

0988 人民法院对事业单位人事争议案件的程序与实体处理，应当如何适用法律？

答：人民法院审理事业单位人事争议案件的程序运用《中华人民共和国劳动法》的相关规定。人民法院对事业单位人事争议案件的实体处理应当适用人事方面的法律规定，但涉及事业单位工作人员劳动权利的内容在人事法律中没有规定的，适用《中华人民共和国劳动法》的有关规定。

依据：《最高人民法院关于事业单位人事争议案件适用法律等问题的答复》一

0989 事业单位工作人员与所在单位发生人事争议的，应当如何处理？

答：应当依照《中华人民共和国劳动争议调解仲裁法》等有关规定处理。

依据：《事业单位人事管理条例》第 37 条

0990 事业单位工作人员对涉及本人的考核结果、处分决定等不服的，应当如何处理？

答：可以按照国家有关规定申请复核、提出申诉。

依据：《事业单位人事管理条例》第 38 条

0991 负有事业单位聘用、考核、奖励、处分、人事争议处理等职责的人员履行职责，在什么情形下应当回避？

答：有下列情形之一的，应当回避：

1. 与本人有利害关系的；

2. 与本人近亲属有利害关系的；

3. 其他可能影响公正履行职责的。

依据：《事业单位人事管理条例》第 39 条

0992 发生劳动争议，举证责任应当如何确定？

答：发生劳动争议，当事人对自己提出的主张，有责任提供证据。与争议事项有关的证据属于用人单位掌握管理的，用人单位应当提供。用人单位不提供的，应当承担不利后果。

依据：《中华人民共和国劳动争议调解仲裁法》第 6 条

0993 工会组织是否可以对用人单位遵守劳动法律、法规的情况进行监督？

答：可以。各级工会依法维护劳动者的合法权益，对用人单位遵守劳动法律、法规的情况进行监督。

依据：《中华人民共和国劳动法》第 88 条

0994 退伍、转业军人的军龄，在用人单位与劳动者解除劳动关系计发法定的经济补偿金时，是否应当计算为接收安置单位的连续工龄？

答：应当计算为接收安置单位的连续工龄。

依据：《劳动和社会保障部办公厅关于复转军人军龄及有关人员工龄是否作为计算职工经济补偿金年限的答复意见》一

0995 用人单位具有哪些行为，劳动行政部门有权监察用人单位工资支付的情况？

答：各级劳动行政部门有权监察用人单位工资支付的情况。用人单位有下列侵害劳动者合法权益行为的，由劳动行政部门责令其支付劳动者工资和经济补偿，并可责令其支付赔偿金：

1. 克扣或者无故拖欠劳动者工资的；

2. 拒不支付劳动者延长工作时间工资的；

3. 低于当地最低工资标准支付劳动者工资的。

经济补偿和赔偿金的标准，按国家有关规定执行。

依据：《工资支付暂行规定》第 18 条

0996 国家规定的退休年龄是多大？

答：国家法定的企业职工退休年龄是：男年满 60 周岁，女工人年满 50 周岁，女干部年满 55 周岁。从事井下、高空、高温、特别繁重体力劳动或其他有害身体健康工作的，退休年龄为男年满 55 周岁、女年满 45 周岁。因病或非因工致残，由医院证明并经劳动鉴定委员会确认完全丧失劳动能力的，退休年龄为男年满 50 周岁、女年满 45 周岁。

依据：《劳动和社会保障部关于制止和纠正违反国家规定办理企业职工提前退休有关问题的通知》一

0997 什么是企业经济性裁减人员？

答：企业经济性裁减人员是指企业濒临破产处于法定整顿期间或生产经营发生严重困难确需裁员时依法同部分劳动者解除劳动关系的行为。

依据：《企业经济性裁减人员规定》第 2 条

0998 什么情形下可以实施经济性裁员？

答：本市行政区域内参加失业保险的企业具有下列情况之一的，可以实施经济性裁员：

1. 濒临破产，被人民法院宣告进入法定整顿期间；

2. 连续 3 年经营性亏损且亏损额逐年增加，资不抵债、80% 的职工停工待工、连续 6 个月无力按最低生活费标准支付劳动者生活费用的。

依据：《企业经济性裁减人员规定》第 2 条

0999 企业如确需裁减人员，需要履行什么样的程序？

1. 提前 30 天向工会或全体职工说明情况；

2. 提出裁减人员方案；

3. 将裁减人员方案征求工会或全体职工意见并修改；

4. 向市劳动局报告并听取市劳动局的意见；

5. 由企业公布裁员方案，并按有关规定办理手续。

依据：《企业经济性裁减人员规定》第 4 条

1000 企业裁减人员应向市劳动局提交哪些材料？

1. 企业裁减人员方案；

2. 工会或全体职工对裁减人员方案的意见；

3. 企业被人民法院宣告进入法定整顿期的证明书或市国有资产管理部门认可的资产评估机构对企业资产盈亏情况评估后出具的资产证明书。

依据：《企业经济性裁减人员规定》第 4 条